Franjo Terhart

Magische Bretagne

artwerk

Bibliografische Information der Deutschen Bibliothek:
Die Deutsche Bibliothek verzeichnet diese Publikation in der
Deutschen Nationalbibliografie; detaillierte bibliografische Daten
sind im Internet über http://dnb.ddb.de abrufbar.

Autor: Franjo Terhart
Herausgeberin: Stina Hölz, artwerk
Konzeption u. Design: Stina Hölz
Layout: Ulrike Märkel
Fotos: Franjo Terhart, Ekkehart Reinsch
Titelfoto: Ekkehart Reinsch
Zeichnungen: Era Freidzon
Lektorat: Paula Matos
Gesamtherstellung: Domröse Druck, Hagen

Printed in Germany
ISBN 3-938927-05-4

Franjo Terhart

Magische Bretagne

artwerk

Vorwort

Die Bretagne, das Land voller Rätsel und Spuren uralter magischer Traditionen. Keltische Steinkreise, Sonnenräder und Menhire, Zauberwälder und geheime Pforten in die Unterwelt. Brocéliande, Camac, Ploumanach, Belle-Île, Locronan, Huelgoat, Plouézoch, Plougemeau, Morgat, Camaret, Brasparts, La Martyre, Sizun und Carhaix Plouguet. Die Bretagne ist eine der sagenumwobensten Landschaften Europas, eng verknüpft mit der Legende vom Heiligen Gral, von Artus' Tafelrunde und der Welt der Druiden und Feen.

In einer Zeit der Billigfluglinien und des Massentourismus ist es notwendig, sich an die Wurzeln des Reisens zu erinnern. Reisen war ursprünglich die Möglichkeit, sich mit fremden Kulturen und der Exotik des Andersseins, unbekannten Sitten und Gebräuchen, fremden Traditionen und einer mitunter völlig anderen Fauna und Flora eines Landes auseinander zu setzen. Heutzutage reisen viele möglichst rasch zu einem einzigen Punkt in der Absicht, dort Urlaub zu machen.

Hierbei geht es um Sport und Vergnügen, um ein „raus aus dem Trott“ und um Abschalten. Urlaub machen bedeutet zu Recht auszuspannen und nicht seiner Arbeit, seinem normalen Tagwerk nachzugehen.

Magische Bretagne will etwas völlig anderes. *Magische Bretagne* erinnert sich an das ursprüngliche Reisen. Es sucht nicht das vordergründige Erlebnis des Fremden und Unbekannten, sondern setzt sich vielmehr mit dem gemeinsamen, menschlichen, kulturellen und religiösen Erbe auseinander.

Magische Bretagne sucht fremde Orte auf, um mehr über den Menschen und seine oft so unterschiedlichen Vorstellungen von Himmel und Erde zu erfahren. *Magische Bretagne* atmet das Fremde geradezu ein. *Magische Bretagne* nimmt solcherlei Entdeckungsfahrten ins Fremde und Unbekannte als Geschenk an. Mythen und Sagen, Orte der Kraft, fremde, geistige Gefilde und äußere Reisen zu inneren Erfahrungen werden davon bevorzugt von *Magische Bretagne* aufgenommen, besucht, erlebt.

Für den Leser und die Leserin ergeben sich hierbei zwei wundervolle Möglichkeiten: zum einen real in das beschriebene Land zu reisen, zum anderen dem Autor, der Autorin, in der Vorstellung zu folgen, ohne den Fuß vor die eigene Tür zu setzen. Solche Gedankenreisen müssen nicht weniger spannend sein, wenn man sie ebenfalls nutzt, um neue Anstöße und Inspirationen für sein Leben zu erhalten.

Magische Bretagne lässt sie alle in Stimmungen und Botschaften, in Geschichte und Geschichten, in Landschaften und heilige Stätten fremder Welten eintauchen. Profitieren Sie reichlich davon!

Die Herausgeberin

Stina Hölz

Steine am Brignogan-Plàges.
Nord-Finistère

DANK

Die Entstehung dieses Buches wäre ohne die aktive Mithilfe meiner Frau Christiane, die Hinweise von Freunden und ohne die kompetenten Gesprächspartner nicht möglich gewesen. Mein besonderer Dank gilt: Gwenc'hlan Le Scouezec, dem Großdruiden der Bretagne, Jean Markale, dem besten Kenner keltischer Mythen, Claudine Glot, der unermüdlichen Führerin durch die Geheimnisse von Brocéliande, und last not least Hervé und Martin Guggenheim.

Franjo Terhart

INHALT

WO DIE WELT ZU ENDE IST

Als Halbinsel im Westen eines riesigen Kontinents, der am Pazifischen Ozean beginnt, so kommt mir beim Blick auf eine Weltkarte die Bretagne vor. Aus einer solchen Perspektive ist sie das „Far-West" von Asien und Europa. Zwischen dem Ärmelkanal im Norden und dem Atlantik im Süden ist die Bretagne der äußerste Arm der westlichen Welt in Richtung untergehender Sonne.

„Sie sehen ja", schrieb der französische Dichter Saint-Pol Roux, „hier endet die Welt." Dabei erscheint mir die Bretagne aus der Luft wie ein Wappendrachen mit gestrecktem Rücken und geöffnetem Maul, der eine dreispitzige Zunge herausstreckt.

Seit Jahrtausenden herrscht bei der Bevölkerung der Bretagne der Eindruck vor, dass diese Halbinsel wie das Vorzimmer, das Vestibül, einer anderen Welt ist: leitet sie doch auf ihrer Rückenlinie die Sonne zu ihrer Ruhestätte im Meer vor der Küste Europas. Das

Land ganz im Westen heißt folgerichtig „Finistère" (vom lateinischen finis terrae), „Ende der Welt". Deshalb gaben die Menschen in früheren Zeiten der Bretagne auch den Namen Armorika, „Land am Meer gelegen".

Sogar der Römer Plinius d.Ä. bezeichnete die Bretagne als die „Beobachterin des Ozeans". Alle Völker, die in grauer Vorzeit die drachenförmige Halbinsel besiedelten, haben vielleicht den Wunsch verspürt, die Sonne sich zur Ruhe betten zu sehen; haben in Steinen Kräfte beschworen, um sich mit den dunklen und den lichten Kräften des Lebens zu identifizieren, sich mit ihnen zu vereinen, um als Lebende die Ewigkeit zu erreichen.

Wer weiß? Wer die Bretagne mit wachen Augen bereist, dessen Weg führt unweigerlich zu Träumen und Legenden. Sie breiten sich über der Geschichte der Bretagne aus wie ein Nebelschleier. Dieses Land scheint sich durch ein sehr altes Tabu abgeschirmt zu haben, sogar denjenigen gegenüber, die es wagten, sich ihm vom Meer her zu nähern. Die letzten „Stützmauern" der Bretagne wurzeln nämlich in dem Zwischenreich, das die Menschen von den Göttern und die Lebenden von den Toten trennt.

Die Unbestimmtheit ihrer Konturen, die aufgrund von Flutwellen und der Laune von Meeresströmungen ständig wechselten, erwecke den Eindruck, sie müsse sich jeder menschlichen Besiedlung entziehen. Nicht von ungefähr erzählen hier viele Geschichten von alten Katastrophen, in denen ganze Städte im Meer versunken sind

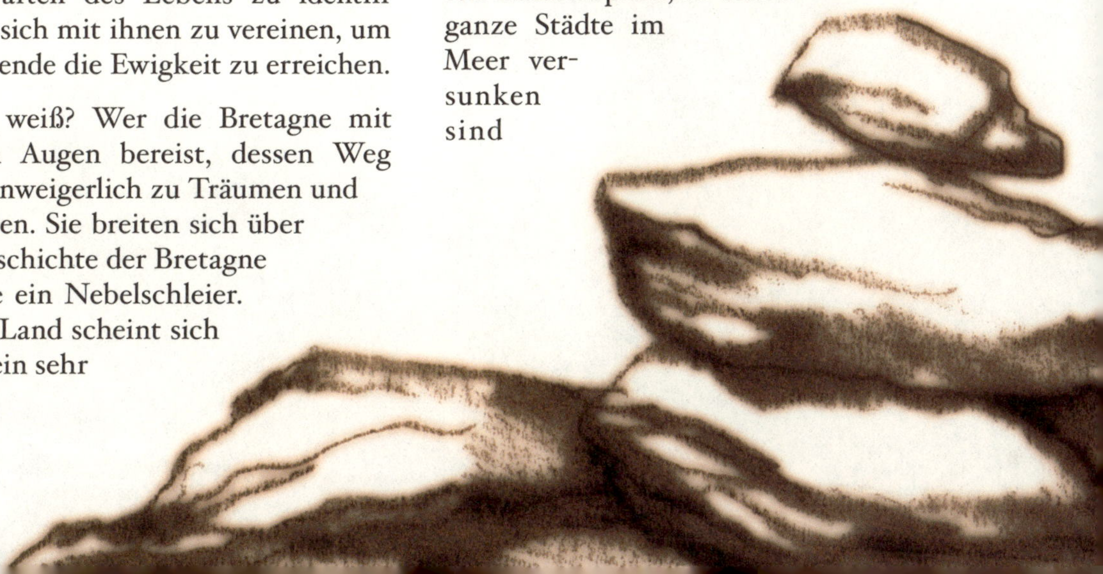

Morgenstimmung im Wald, Finistère

oder Menschen unter Sandmassen begraben wurden. Jeder Fischer, der sich mit seinem Kahn auf die See hinauswagt, weiß, dass er mit Zurücklassen des letzten bretonischen Hafens Gefahr läuft, sich im Jenseits bei den Seligen und Verdammten wiederzufinden: Ganz im Westen vor Finistère liegt deshalb nicht gerade zufällig die „Toteninsel" Sein. Nun denn!

Die Bretagne ist uns geistig viel ferner, als wir es uns vorstellen, und sie entzieht sich immer mehr, wenn einem die Gabe fehlt, sie zu begreifen. Ihre Wirklichkeit lässt sich nur mit Mühe erfassen. Jean Markale, von dem in diesem Buch einige Male die Rede sein wird, schreibt im Vorwort seiner „Geheimgeschichte der Bretagne", dass es neben der offiziellen eine geheime, nur schwer entziffer- und rekonstruierbare Geschichte der Bretagne gibt.

Die Bretagne, so urteilt er, ist das „Land des Fließenden und des Diffus-Unscharfen". In meinem Buch will ich versuchen, etwas von dem zauberischen Schleier, unter dem sich Armorika verbirgt, zu lüften. Dazu beschreite ich verschiedene Wege, die uns zu ganz unterschiedlichen Orten führen: in die Zauberwälder Brocéliande und Huelgoat, wo Merlin, Artus und Morgana weiterhin ihre Fäden spinnen.

Ich verrate Eingänge in die „Unterwelt", die keltische „Anderswelt", wie die Hölle von Plogoff, das Teufelsmoor Yeun Elez oder die „Bucht der Verstorbenen". Von den untergegangenen Städten und Kulturen wie Tolente, Ys oder Er Lannic wird die Rede sein ebenso wie von der Verlockung des Unendlichen: dem Meer und seinen Inseln, Kaps, Spitzen und Felsen, in deren Schutz Buchten, Golfe, Strände und Häfen liegen.

Das Reich der Steine wird ausführlich berührt: Cromlechs, Menhire und Dolmen. Aber selbst mit der Radiokarbonmethode, C 14, ist das Geheimnis, das die Steinsetzungen aus megalithischer Zeit umgibt, nicht zu lüften.

Der mysteriöse Kult der Steine hat bis auf den heutigen Tag alle Schicksalsschläge überstanden und blieb so lebendig, dass man die Menhire christianisieren musste, indem man sie mit Kreuzen und anderen christlichen Symbolen versah.

Aber schon die Römer hatten vergeblich versucht, ihnen das Bild ihrer Götter überzustülpen. Eine armorikanische Göttin, die vom Anbeginn der Welt bis heute ihren machtvollen Arm ausstreckt, ist Morgana. Ihr werden wir immer wieder auf unserer Reise begegnen. So durchstreifen wir denn auf neuen Wegen Armorika, das Reich Ankous, des keltischen Todes, der eher die Mitte eines langen Lebens bedeutet denn ein schreckliches Ende.

Ankou ist Herrscher des „Autre Monde" – jener Anderswelt, die keinen direkten Gegensatz zu unserer bildet wie das christliche Jenseits. Wer die Friese der Calvaires, der umfriedeten Pfarrbezirke, intuitiv zu lesen versteht, wird diese Wahrheit begreifen, Wahrheiten, wie sie auch im letzten Kapitel, in dem es um geheimnisvolle Sonnenräder, spukende Druidinnen und Katzen, Heilige ohne Kopf, archäologische Sensationen, eine rätselhafte Venusstatue und anderes mehr geht, zum Ausdruck kommen.

ARMORIKANISCHE INITIATION

LAND DER DRUIDEN: SAINT-JUST

Heidekraut, niedrige Büsche, Kiefern und ein fast geradlinig von West nach Ost verlaufender, knapp 50 Meter hoher Schieferkamm bestimmen das Landschaftsbild um den kleinen Weiler Saint-Just, 30 Kilometer nordöstlich von Redon im Departement Illeet-Vilaine gelegen.

Merkwürdigerweise scheinen sich Reiseschriftsteller nicht in diese eigentümliche und hochinteressante Gegend zu verirren, weil man über sie so gut wie nichts in der einschlägigen Lektüre finden kann. Dabei steckt die Region um Saint-Just voll von archäologischen Überraschungen wie steinzeitlichen Friedhöfen, megalithischen „Burgen", Cromlechs (Steinkreisen), die eindeutig Mittelpunkt religiöser Rituale waren.

Darüber hinaus gibt es Hinweise, dass die Druiden in Saint-Just die Kräfte der Erde und der Megalithen als besonders stark empfunden haben müssen. Religionsgeschichtlich gesehen behauptet sich hier der keltische Glaube an die Seelenwanderung am längsten gegen das anstrebende Christentum.

Menhire und Dolmen sind zahlreich in Saint-Just. Das sind sie auch in Carnac oder auf der Halbinsel Crozon. Allerdings unterscheiden sich die Megalithen von Saint-Just von allen übrigen in der Bretagne schon hinsichtlich ihrer Gesteinsbeschaffenheit: Sie bestehen entweder aus schwarzem Schiefer oder aus milchweißem Quarz. Zum anderen beeindrucken sie durch ihre ungewöhnliche Aufstellung.

Bei Grémel kann man fünf unmittelbar benachbarte Steinkreise auf Hügeln sehen, wobei das ganze Ensemble aus der Luft betrachtet die Form eines Y hat. Hier entdeckten Archäologen einen neolithischen Friedhof, der über Jahrtausende benutzt worden sein muss. Und im Fall der liegenden Menhire von Sévéroue haben Untersuchungen ergeben, dass sie niemals aufgerichtet worden sind. Das ganze Ensemble erweckt den Eindruck, als handele es sich um ein megalithisches „Atelier", das von den „Steinmetzen" erst vor kurzem verlassen worden ist. Eine megalithische „Burg", von einigen kleinen Menhiren umgeben, erhebt sich auf einem Hügel bei Cojoux: Château-Bu. Die „Burg" stellt für Archäologen nach wie vor ein unlösbares Rätsel dar. Von runder Form und auch nicht allzu hoch, besteht sie aus acht aufgerichteten Steinen, die aber keine Menhire sind, wie man sie üblicherweise kennt. Wozu hat das Ganze also gedient? Die Legende erzählt, dass hier jedes Jahr ein Mädchen geopfert worden sei – was in der Tat das Vorhandensein eines flachen „Opfersteins" in der Mitte der Anlage erklärt. „Bu" ist übrigens ein altes bretonisches Wort und heißt so viel wie „die Kuh". Die keltische Göttin Damona wurde als Kuh dargestellt. Aber der Name weckt natürlich auch Assoziationen mit einem in weiten Teilen Europas verbreiteten Stierkult, dem die Großsteinleute wie die Druiden gleichermaßen huldigten.

Ich habe das Gebiet um Saint-Just häufig durchwandert und glaube, dass sich das Bild der Landschaft in den letzten 2000 Jahren hier nicht wesentlich geändert hat. So ist mir die Faszination, die hier Natur und Megalithen auf die Druiden ausgeübt haben müssen, durchaus begreiflich. Wie mögen sie in dieser Region vor über zweitausend Jahren wohl gelebt haben?

Plinius schreibt in seiner enzyklopädischen „Naturgeschichte", dass die Kelten am Sechsten jeden Monats ein großes Fest begangen hätten. Weiß gekleidete Druiden – ihr Name bedeutet frei übersetzt „Eichenkundige" – seien dann auf Eichen gestiegen, um mit einer goldenen Sichel Mistelzweige abzuschneiden, die anschließend von weiß gewandeten Mädchen in weißen Tüchern aufgefangen worden seien, da sie nicht den Boden berühren durften. Danach seien zwei weiße Stiere geopfert worden. Vielleicht auf Château-Bu? Wer weiß? Die Druiden waren Pflanzen- und Kräuterkundige, die spezielle Kräuter wie Samolus und Selaga nur mit der linken Hand pflückten. Die Identifikation jener Kräuter ist bis dato noch niemandem gelungen.

Auf der Straße von Saint-Just nach Pipriac gibt es drei künstliche Grotten: Eine ist dem heiligen Joseph, die zweite der heiligen Anne und die dritte dem heiligen René geweiht. Vor den Grotten stehen drei Menhire im gleichen Abstand zueinander, die mich an drei Baumstümpfe erinnern. Trugen nicht Bäume das Firmament und wiesen dem Schamanenlehrling einen Weg zu den Göttern?

Hingen nicht sowohl der germanische Gott Odin als auch der keltische Gott Lug am Weltenbaum, dem Baum des Lebens, und gleicht nicht der Opfertod jenem von Jesus, dessen Kreuz als christlicher Lebensbaum bezeichnet wird? Bemerkenswert auch, dass Lug ebenso wie Odin von einem Speer in der Seite durchbohrt wurde. Und dann die Zahl Drei: drei Grotten, drei Menhire! Der Hang zur Dreiteilung ist charakteristisch für das keltische Weltbild: Drei maßgebliche Götter bestimmen die Geschichte im Keltenhimmel: Teutates, Esus und Taranis.

Sankt Patrick, der Nationalheilige der Iren, erhielt auf seine Frage nach den keltischen Lebensgrundsätzen von einem Druiden zur Antwort: „Wahrheit im Herzen, Kraft im Arm, Erfüllung in der Rede." Ein anderer überlieferter druidischer Spruch lautet: „Wir lehren, dass die Götter geehrt, kein Unrecht getan und männliche Haltung bewahrt werden muss."

Bei beiden Aussagen fällt die Dreiteilung auf. Ihre Kürze und ihr Rhythmus mag vielleicht erklären, warum diese Sprüche einprägsam gewesen sein müssen. Die Druiden sollen zwar schriftkundig gewesen sein, zogen es aber vor, ihr Wissen mündlich weiterzuvermitteln. Auch scheint es, als hätten die Druiden die gleichen Traditionen vertreten wie die hinduistischen Brahmanen, denn seltsamerweise ähneln die Grundsätze, nach denen im keltischen Irland geurteilt wurde, den indischen mitunter bis ins Detail. Somit könnte die Priesterklasse der Druiden viel länger bestanden haben als bislang angenommen.

Um 700 vor Christi Geburt wanderten die Kelten von Osten her in die heutige Bretagne ein. Das Volk, das „aus dem Dunkel kam", hat wahrscheinlich seine Wurzeln in den Steppengebieten Zentralasiens. Aber verweilen wir noch einen Augenblick bei der Zahl Drei, die den Druiden als die wichtigste galt.

Eliphas Levi drückt es folgendermaßen aus: „Wäre Gott nur einer, dann wäre er niemals Schöpfer oder Vater, wäre er zwei, dann gäbe es im Unendlichen einen Antagonismus oder eine Trennung, und das bedeutet auch für alle übrigen Dinge Trennung oder Tod. Deshalb ist er drei, damit er die unendliche Menge der Wesen und Zahlen aus sich selbst und nach seinem Bilde erschaffen kann." Für die Druiden gab es keinen absoluten Tod. Nach einem kurzen Aufenthalt in der „Anderswelt" wurde die Seele wiedergeboren. Insofern verkörpert die Drei die vollkommene Schöpfung.

Dieses Mysterium der Dreieinigkeit versuchen alle Religionen entsprechend auszudrücken: Vater, Sohn und Heiliger Geist; Brahma, Wischnu und Schiwa; Isis, Osiris und Horus. Man beachte die jeweilige Kombination von zwei männlichen mit einer weiblichen (der Heilige Geist galt früher als weiblich) Gottheit.

Im Übrigen redet auch der Volksmund davon, dass aller guten Dinge drei seien, und man solle dreimal auf Holz klopfen. Drei Wünsche hat man frei. Drei Aufgaben muss man im Märchen lösen. Sogar das Schicksal ist dreifaltig: in Gestalt der drei Nornen. Es gibt drei Grundfarben – Rot, Blau, Gelb – drei Zustandsformen der Materie (fest, flüssig und gasförmig), drei Zeitformen. Die Reihe ließe sich beliebig fortsetzen. Es scheint, dass sich Schöpfung immer in einem Dreierschritt vollzieht. Die dreidimensionale Sicht nimmt die scheinbaren Gegensätze als Ganzheit wahr. Die Drei schafft eine neue stabile Ebene, indem sie die Dualität der Zwei nicht negiert, sondern überwindet und transformiert.

Eine weitere Zahl, die von den Kelten als heilig erachtet wurde, war die Neun: dreimal die Drei. Dem Psychologen Carl Gustav Jung zufolge scheinen Zahlen überhaupt Bindeglieder „zwischen der Sphäre der Psyche und der Materie" zu sein.

In dem berühmten Text „Schlacht der Bäume" aus dem im 6. Jahrhundert nach Christi Geburt geschriebenen „Book of Talisien", das sehr viel über keltisches Leben und Denken enthält, handelt eine Episode von dem Blütenmädchen Blodeuwedd-Olwen. Ich erwähne diese Geschichte deshalb, weil hier druidische Zahlen- und Pflanzen-

mystik zum Ausdruck gebracht wird. Das Blütenmädchen wurde von dem Zauberer Gwydion aus neun Blüten erschaffen: „Neun Knospen verschiedenster Art: aus der Primel der Berge, Besenginster, Mädesüß und Kornrade, miteinander verflochten, aus der Bohne, die in ihrem Schatten ein Heer von weißem Ginster birgt, aus Blüten von Nesseln, Eiche, Stechapfel und der scheuen Kastanie – neun Kräfte von neun Blumen, neun Kräfte in mir vereint, neun Knospen von Pflanze und Baum. Lang und weiß sind meine Finger wie die neunte Welle der See."[2]

Jede der Pflanzen entfaltet ihren eigenen Wirkungskreis, der von der Heilkraft eines homöopathischen Mittels bis zur Bannmächtigkeit von bösen Geistern oder der Erweckung seherischer Kräfte reicht.

Die Primel aber ist die Blume der Feen und Elfen, während die „neunte Welle der See" auf den Wellenschlag der Zeit anspielt: In neun Monaten reift menschliches Leben heran. Andererseits weist die Neun auf die ihr folgende Zehn hin: Der Mensch kehrt durch den leiblichen Tod – als singuläre Eins – wieder zurück in die Ganzheit des Kreises, der Null, aus der er ursprünglich kam.

Ein Kreis? Château-Bu – Burg und Opferplatz – ist kreisförmig errichtet worden. Ich bezweifle entschieden, dass es sich jemals um eine „Burg" in unserem Sinne gehandelt hat. Das ganze Gebiet um Saint-Just dürfte vielmehr heiliges Terrain gewesen sein.

Hier mag es von jeher mehr um das Mysterium von Leben und Tod als um irgendwelche Behausungen gegangen sein. Ich vermute, dass sowohl die Großsteinleute, die Schöpfer der Megalithen, als auch die Druiden die Besonderheit des Ortes, an dem sich besser als anderswo in Verbindung mit dem Göttlichen oder der „Anderswelt" treten ließ, erkannt haben. Beim See Le Val – jenseits des „heiligen Terrains" – wurden Reste einer keltischen Ansiedlung entdeckt. Ich habe niemals aufhören können, diese „frühzeitlich-magische" Landschaft erleben zu wollen. Sie bildet für mich den Anfang der megalithisch-keltisch-christlichen Bretagne und ist meine Initiation für die Geheimnisse Armorikas.

Die fünf Steinkreise von Grémel erreicht man, indem man bei der Kirche in Saint-Just nach Saint-Ganton einschlägt. Vor dem Ortsausgangsschild führt rechts eine kleine Straße nach etwa 500 Metern „à la lande de Grémel". Ungefähr 100 Meter weiter gelangt man auf dem zweiten Weg rechts zu den Megalithen.

Will man nach Sévéroue, geht es zurück auf die Straße in Richtung Saint-Ganton. Dann wendet man sich nach rechts und gelangt nach etwa 1,5 Kilometern zur Kreuzung von Croix-du-Bignon. Zwei Fahrspuren führen zur D 177; auf der rechten bleiben. Ungefähr 100 Meter weiter beginnt der Schieferkamm: Man sieht drei größere Blöcke, die einen vierten tragen. Dahinter ragt der berühmte „Roche-Mathelin" auf, ein seltsamer Menhir, der den Eindruck erweckt, als sei er mit Laserstrahlen grob „bearbeitet" worden. Von ihm aus ist das „Atelier" sichtbar. Zu den je drei Grotten und Menhiren fährt man zurück zur Kreuzung von Croix-du-Bignon und auf der D 177 weiter bis zur Kreuzung von Bel-Air. Hier links auf die D 54 abbiegen. Beim Wegkreuz geht es weiter Richtung Norden bis zum Dorf Bois-Hervy und von hier in Richtung Pipriac. Auf der Straße dorthin fährt man an den Grotten vorbei. Nach dem Friedhof stößt man auf die drei Menhire.

Um Château-Bu zu besichtigen, fährt man von Saint-Just in Richtung Bourg. Das Gebiet nennt sich „La Grée de Cojoux". Hier empfiehlt es sich, sich noch einmal nach dem Weg zur „Burg" zu erkundigen.

Côte de Granit Rose,
Nord-Finistère

DIE VERLOCKUNG DES UNENDLICHEN

DAS MEER

Vorgebirge und Landzungen, unterseeische Klippen, Felsriffe – die Bildung der Erdoberfläche ist einfach im Vergleich zur Bildung der Meeresgründe.

„Die Klippen, diese Wohnungen der Wogen, diese Pyramiden und Katakomben des Schaums, sind geheimnisvolle Kunstwerke",[3] hat Victor Hugo geschrieben. Es liegt wohl an der Verschiedenartigkeit der bretonischen Küste, dass einem schon mal nichts als Fassungslosigkeit bleibt angesichts von so viel Schönheit.

2400 Kilometer lang wechseln sich die Strände immer wieder ab, reichen von weitläufigen Sandbuchten, über die der Gezeitenstrom fegt, bis hin zu kleinen Sandbuchten und schwindelhohen Klippen. Man hat vielfach die Wahl zwischen ausgedehnten Sandstränden mit festem Sand, die bei Ebbe kilometerweit trocken liegen, und von Felsvorsprüngen geschützten Nischen, wo die Füße knöcheltief in samtigem Pulver versinken. Orte wie Carnac, Quiberon, Bénodet, Morgat, Perros-Guirec, Saint-Malo oder Dinard stehen den bekannteren Seebädern im restlichen Frankreich in nichts nach, vor allem, weil die windgeschützte Südküste der Bretagne jährlich über 2000 Sonnenstunden gewährt.

Von den bretonischen Inseln geht eine starke Anziehungskraft aus. Hoch oder niedrig, üppig oder kahl, bewohnt oder öde, nah oder fern, verlocken sie den Besucher, der sie vom Festland aus vor sich liegen sieht, jede als in sich geschlossene Welt zu betreten. Auf vielen von ihnen stehen gleich große Kerzen, Leuchttürme, die nachts die Bretagne mit einem faszinierenden Gürtel von sich drehenden, blinkenden oder festen Lichtbündeln versehen.

Aber reisen wir doch einmal die Küsten vom Norden über den Westen bis in den Süden entlang... An der Côte d'Emeraude, der Smaragdküste, die beim Mont-Saint-Michel in der Normandie beginnt, ist die Farbe des

Wassers so geheimnisvoll wie die Legenden, die sich darum ranken. Diese Nuancierung findet man sonst nur auf hoher See.

Vor den hohen Wällen der alten Piratenstadt Saint-Malo präsentiert sich das smaragdene Meer seit Jahrhunderten den Blicken seiner Bewunderer. Saint-Malo selbst brachte im Übrigen so Berühmtheiten wie den Forscher Jacques Cartier hervor, der von hier im Jahr 1534 den Atlantik überquerte und das Delta des Sankt-Lorenz-Stroms in Kanada entdeckte, aber auch der Korsar Surcoufs und der Philosoph Chateaubriand sind Namen, die sich mit der von wuchtigen Mauerwehren und Türmen umgebenen reizvollen Stadt verbinden.

Bei dem Dörfchen Notre-Dame-du-Guildo, westlich von Dinard, verleiten am Ufer des Arguenon die „klingenden Steine“ (Pierres sonnantes) dazu, sie einmal kräftig anzustoßen, woraufhin ein hartes Dröhnen ertönt. Solchen „klingenden und tanzenden Steinen“

– die größeren werden „Rochers (Felsen) sonnants“ genannt – begegnet man immer wieder an der Nordküste.

Für die Kelten waren sie Sinnbild der Freiheit, weil sie Freiheit als Gleichgewicht der Gegensätze, als einen Balanceakt verstanden, bei dem die geringste Neigung eine unwiderrufliche Entscheidung bedeutet. Eine

Laune der Natur hat die Bretagne mit diesen Felsbrocken, die lediglich in einem winzigen Punkt, ihrem Schwerpunkt, auf einem größeren Felsen aufliegen und infolgedessen balancieren oder tönen können, reichlich gesegnet. Auch im Wald von Huelgoat ist so ein tanzender Fels zu besichtigen. Gargantuas steinerner Riesenfinger, drohend gen Himmel gereckt, wartet in der Nähe der Küstenfestung Fort La Latte auf der Fréhel-Halbinsel. Jenseits vom Cap Fréhel, einem Felsensporn, der 70 Meter hoch ins Meer hineinragt, findet sich eine vom Wind umtoste Heidelandschaft mit dem Sandstrand von Sable-d'Or-les-Pins, der allgemein als der schönste der Bretagne gilt, ihren Abschluss. Dieser Küstenabschnitt, die Côte de Granit Rose, erhielt seinen Namen wegen des rosa-orangefarbenen Schimmers seiner Felsen. Hier gibt es ebenfalls viele kleine Buchten, eingebettet zwischen schroffen Felsvorsprüngen. Wem jedoch die „Rosa-Granit-Küste" ihre Berühmtheit verdankt, das sind vor allem die Monolithen und Felsgruppen, die zum Großartigsten zählen, was die Natur in Europa hat entstehen lassen: „Der Aufruhr der Wogen ist offensichtlich bis in den Granit vorgedrungen und hat die Klippen als Zeugen seiner zerstörenden Wut zurückgelassen" [4] (Victor Hugo). Die Küste bei Ploumanach und Trébeurden verwandelte sich unter den vereinten Kräften des Meeres und des Windes in ein wahres Märchenland steinerner Gesichter und Figuren. Aber auch das Hinterland mit seinen malerischen Städten wie Paimpol, der Heimat der „Islandfischer", Trégastel mit in die Grotten der rosa Felsen hi-

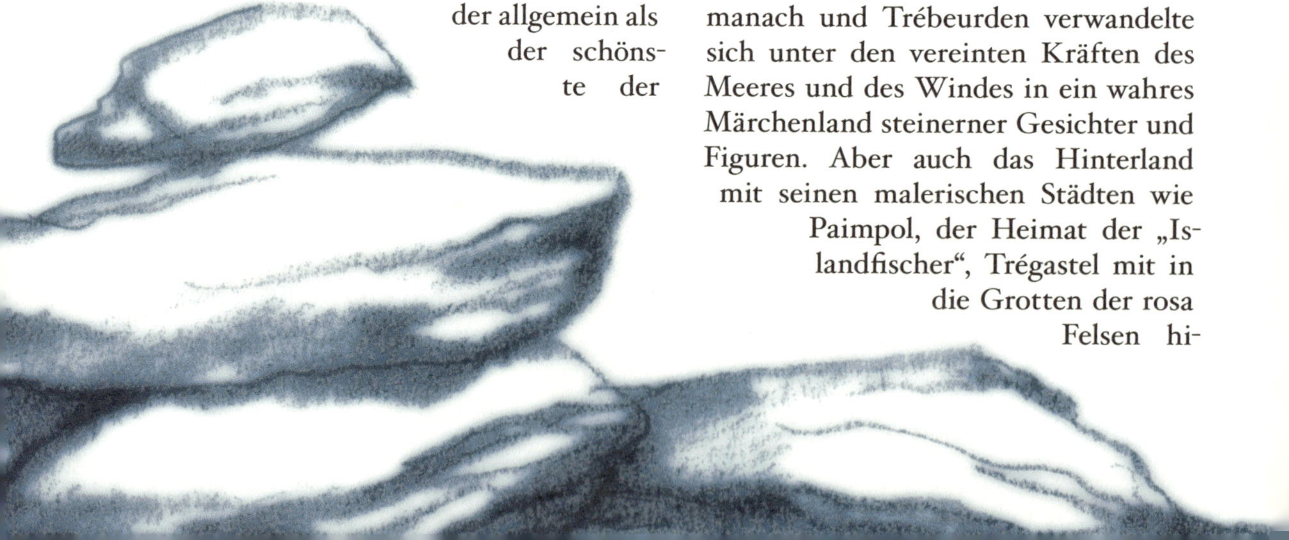

neingebautem Meeresaquarium oder Lannion mit 142 Granittreppen, Kalvarienkreuzen und mittelalterlichen Kirchen ist in jedem Fall einen Abstecher wert.

Wenige Kilometer nordöstlich von Paimpol bietet die Pointe de L'Arcouest eine Meeresszenerie besonderer Art: kleine, verstreut liegende Inseln, von denen die Ile de Bréhat die größte ist. Sie wird auch „Insel der Blumen" genannt und gilt aufgrund ihrer fast mediterranen Vegetation (Palmen und Feigenbäume!) als Paradies für zahlreiche Künstler, ist jedoch durch und durch bretonisch mit ihren aus grau- bis rosafarbenem Mauerwerk mit blauschwarzen Schieferdächern errichteten Häusern, vor denen die Hortensienbüsche blühen.

Auf dem Festland liegen in unmittelbarer Nähe der kleine Langustenfischer-Hafen von Loguivy-de-la-Mer und die durch eindrucksvoll geformte Riffe geprägte Küstenlandschaft von Plougrescant mit dem zwischen zwei Felsen „eingeklemmten" Fischerhaus, einem beliebten Fotomotiv. Weiter westlich präsentiert sich vor der Landspitze von Pen-Lan das Inselchen Louet mit kleinem Leuchtturm und einem das Wärterhaus umgebenden Felsengarten sowie dem düster wirkenden, auf einem schmalen Riff erbauten Château Le Taureau. Bei Roscoff beginnt die Küste der Legenden, der weiten Mündungen mit ihren „Abers", so genannten „ertrunkenen" Flusstälern.

Der Reiz dieses Abschnitts liegt in seiner herben, einsamen Landschaft mit vielen prähistorischen Zeugnissen, wobei man auf zahllose Dolmen und Menhire achten sollte, die nur bei Ebbe „auftauchen". Der westliche Zipfel der armorikanischen Halbinsel weist sich vor allem durch grandiose Aussichtspunkte von den in das Meer hineinragenden Klippen aus:

- die Pointe de Corsen westlich von Brest, wo sich die Wasser des Atlantiks mit jenen des Ärmelkanals vermengen sollen;

Küstenlandschaft
Pointe de Corsen, West-Finistère

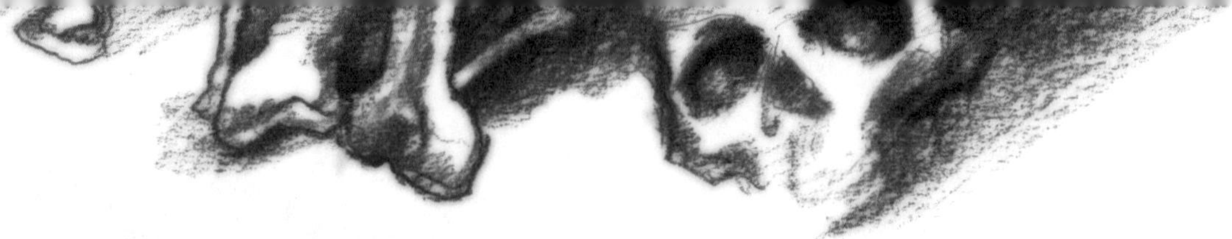

• die Pointe Saint-Mathieu mit Blick auf Hunderte von Inselchen, viele davon schon vor Jahrtausenden bewohnt;

• die berühmte Pointe du Raz westlich von Audierne an der „Bucht der Verstorbenen“ mit Blick auf die Insel Sein, die Toteninsel der Druiden;

• die Point de Penhir in Camaret mit ihren 143 Menhiren, darunter das berühmte „Hühnerauge“ – Lagad-Yar;

• die Pointe de Dinan mit imposantem Meerestorbogen und das Cap de la Chèvre („Ziegenkap“) in Morgat;

• die Pointe de Pennmarch mit dem Leuchtturm Phare d’Eckmühl, der nach Bewältigung von 703 Granitstufen vorzügliche Ausblicke über das ganze Bigoudenland gewährt.

Vor Douarnenez soll einst die geheimnisvolle Stadt Ys gelegen haben, die durch den Übermut einer Frau vom Meer verschlungen worden sei. In der Nähe hat der Sage zufolge auf der nach ihm benannten Insel der Neffe des Königs Marke, Tristan, die schmerzliche Romanze mit Markes Gattin Isolde durchlitten. An der Südküste ist der Strand von Loctudy aufgrund seiner Ausrichtung gen Osten der bestgeschützte der Gegend.

Den Liebhabern von ruhigen Bademöglichkeiten bietet sich zwischen Bénodet und dem sehr geschäftigen Fischereihafen von Concarneau (Ville close) ein langer Gürtel von Stränden mit feinem, hellem Sand, die Felder und grüne Wiesen säumen und durch den Archipel Glénan geschützt sind. Diese Inselgruppe ist für Archäologen ein interessantes Terrain: Sie gruben dort jahrtausendalte Skelette von Menschen aus, die weit über zwei Meter groß gewesen sein sollen.

Pont-Aven mit seinem „Liebeswäldchen“ ist ein alter, sehr schöner Ort, den Gauguin mit seinen Malerfreunden einst aufsuchte, weil sie sich durch die Küste von Cornouaille inspiriert fühlten. Im Jahr 1888 schrieb Gauguin: „Die Bretagne liebe ich. Hier finde ich Wildheit und Primitivität.“ Eine reizvolle alte Buchenallee oberhalb des Wäldchens führt nach Trémalo, einem ländlichen Weiher, wo in einer Kapelle das hölzerne Kruzifix hängt, das Gauguin zweimal gemalt hat: als „Gelben Christus" zwischen betenden Frauen.

Während der westliche Teil der schmalen Halbinsel Quiberon für seine Felsenküste und gefährliche Brandung bekannt ist, eignen sich die Strände der Ostküste für Muschelsucher. Auch der Strand von Carnac zählt dazu. Dahinter lockt der Golf von Morbihan, ein kleines, von Inseln durchsetztes und von Stränden gesäumtes Binnenmeer. Hier befand sich einst das Zentrum der Megalithkultur in Europa und seine Menschen waren „die Gebieter der westlichen Meere" (C. Jullian).

Seeräuberfratzen, Gantua und Luzifer: die steingewordene Phantasie des Abbé Adolphe Julien Fouéré

Das ungewöhnliche künstlerische Werk des Geistlichen kann man in Rothéneuf bewundern. Dazu fährt man am besten von Saint-Malo in Richtung Paramé und folgt vom Stadtzentrum aus den Hinweisschildern „Rochers sculptés". Rothéneuf – das sind in etwa 300 behauene Strandfelsen, knapp über der Wasserlinie gelegen, die Meeresungeheuer, Teufel, Dämonen, aber vor allem die gleichnamige Piratenfamilie darstellen. 1894 begann der agile Abbé Fouéré, genannt „der Einsiedler", mit seiner ungewöhnlichen Bildhauertätigkeit und veränderte damit auf 500 Quadratmetern ein ganzes Küstenstück.

Die Familie Rothéneuf, Nachkommen von Piraten und Raubfischern der bretonischen Küste, nahm um 1610 die Dünen und Landspitzen, welche die Felsskulpturen umgeben, in Besitz und

Antlitz im steinernen Phantasiegarten des Abbé Fouéré

Gargantau –
ein schlangenartiges Ungeheuer

widmete sich fortan intensiv der Jagd, dem Fischfang und Raubzügen. Mehr als ein Jahrhundert lang beherrschten die Rothéneufs die Küste durch ihre Unerschrockenheit und Umsichtigkeit bei Gefahr. Merkwürdige Gestalten stießen im Laufe der Jahre zu dem Freibeuterclan und mehrten seinen zweifelhaften Ruhm.

Da war Durand, der Hartgesottenste, der auch Gargantua genannt wurde, nach einem riesenhaften Ungeheuer aus der bretonischen Mythologie. Durand alias Gargantua als Kommandant der Rothéneufschen Raubflotte legte eine unersättliche Gier auf fremdes Eigentum an den Tag. Yves du Minihic, ein Kerl so stark wie Herkules, trug stets einen antiken Helm und fungierte als Küchenchef der Bande.

Jean de Caulnes, „der Ägypter", hatte lange Zeit in Alexandrien gelebt und war Übersetzer, Wahrsager und intimer Berater von Madame Rothéneuf. Lieutenant des Mathurins trug den Beinamen „Luzifer", weil er fremden Kaperschiffen immer wieder auf rätselhafte Weise, als sei er mit dem Teufel im Bunde, zu entkommen vermochte. Jacques de Limolou, „der Einsame", lebte als Beobachter mit seinem Hund RIP auf den Inseln vor der Küste, von wo er vorbeifahrende Handelsschiffe erspähte.

Und dann war da auch noch Le Guemereux, der „Fakir", ein sehr mysteriöses Wesen mit verkrüppeltem Gesicht, dessen Vorahnungen die Rothéneufs in Atem hielten. Diese Horde sorgte für mehr als ein Jahrhundert an der bretonischen Küste für Angst und Schrecken. Doch dann zog eines Tages ein schwerer Sturm aus Südwesten auf und zerstörte die zahlreichen Schiffe der Familie wie mit eiserner Faust. Alle Rothéneufs ertranken im Meer. Der letzte von ihnen soll von einem Riesenfisch mit großem Maul und spitzen Zähnen verschlungen worden sein.

Abbé Fouéré, der unermüdlich über 25 Jahre lang die Felsen mit seinem Meißel bearbeitete, weiß es sogar noch genauer: „Alle Monstren der sieben Meere mit scheußlichen Mäulern, mit starken Kiefern, mit von grünen Schuppen gepanzerten Körpern kamen geschwommen und zerstückelten, töteten, verschlangen in ihren enormen Leibern die gesamte verruchte Bande mitsamt dem Wappen der Rothéneufs." [5]

Dieses lokale Ereignis, verbrämt von unterschiedlichen Sagenkreisen und Mythen, hat der kirchliche Bildhauer in Stein festgehalten. Es ist vor allem eine Reflexion der seelischen Abgründe. Im Zentrum der Felsskulpturen sieht man Monsieur Rothéneuf, zu dessen Füßen sich Seeungeheuer winden. Über allem thront die Fratze Luzifers, der sich über die verkommenen Seelen freut.

Die Welt der Rothéneufs pendelt ständig zwischen der „Paradiesschlucht" und dem „Höllenschlund". Im Hintergrund speit ein riesiger Drache sein verheerendes Feuer auf Marie Jeanne, deren Nasenlöcher so groß wie Adamsäpfel sind; drumherum geifernde Wilde und Missgeburten der Hölle.

Es ist fast unmöglich, die große Fülle der Bilder und Schreckensvisionen an einem Nachmittag zu bewältigen, denn jeder Fels wurde zu einem Wesen mit Augen. Häupter mit Bärten, Damenköpfe, Edelleute, Verfolgte und Verdammte, allesamt aus dem Granit skulptiert, springen den Betrachter in ihrer Qual gleichsam an.

Für Abbé Fouéré wurde das Bearbeiten der Felsen mit Hammer und Meißel zur Lebensaufgabe. Man wird wahrlich mit einem Bestiarium der Sinne konfrontiert – in bester mittelalterlicher Tradition –, und wer es zu interpretieren versteht, reist zugleich in die eigenen Abgründe und Ängste.

Im Märchenland der Steine: Ploumanach

Schildkröte, Hase und Igel, Wal, Kamel sowie manch andere Phantasiekreatur begegnen demjenigen, der bei Ebbe zwischen den rosafarbenen Monolithen und durchlöcherten Felsgruppen bei Trébeurden und Ploumanach spazieren geht. Es sind sicherlich die seltsamsten Steingebilde, die es in ganz Europa gibt.

Die Augen können sich nicht satt genug sehen an diesen bis zu 25 Meter großen Steinungeheuern, welche die Küste bevölkern. Hinter jeder Ecke scheinen weitere, noch überraschendere Formen zu warten: etwa meterhohe Köpfe, den Blick starr aufs Meer gerichtet – vergleichbar mit jenen auf der Osterinsel –, nur dass sie in der Bretagne durch Wind- und Wassererosion entstanden sind. Das ganze Gebiet ringsherum ist hoch interessant. Die Île Grande beispielsweise hat als Nachbarn das fast baum- und strauchlose Inselchen Aval.

Letzteres bedeutet Apfel und einer lokalen Sage zufolge sollen sich hierher König Artus und seine Mannen zurückgezogen haben.

Die Fee Morgana hat den Fead Fea über Aval gezogen und es damit für neugierige Blicke unsichtbar gemacht. Aber Avalon unterliegt, wie die „Anderswelt" der Kelten, keinem Dualismus: Sie ist also weder oben noch unten, sondern schlichtweg nebenan, und man hat Zutritt, wenn man dieses Reich mit den Augen des instinktiven Verstehens erkennt.

Auf Aval steht ein Menhir, in dessen unmittelbarer Nähe 1878 die Skelette von je 30 Männern und Pferden ausgegraben wurden. Wer kommt da nicht ins Grübeln – besonders wenn man weiß, dass das Pferd in der religiösen Symbolik der Kelten eine starke Rolle spielte? Dabei spannten sie das Pferd als überirdisches Tierwesen vor ein Gefährt, das gelegentlich von einem geisterhaften Wagenlenker mit Vogel- oder Menschenkopf gelenkt wurde. Epona, die auf einer weißen Stute reitet, ist als Göttin der Pferde selbst eng mit der Artussage verbunden. Aval – das Inselchen an der Rosa-Granit-Küste – wahrt seine Geheimnisse im tiefen Schweigen der Erde ...

Am Strand von Ploumanach steht, umspült von der Flut, eine Betkapelle, die im 12. Jahrhundert von Mönchen zu Ehren des heiligen Guirec errichtet wurde. Dieser gilt aus irgendeinem Grund, der längst der Vergessenheit anheim fiel, als Heiratsvermittler. Und so brachten über Jahrhunderte hinweg junge Mädchen eine Nadel in der Statue des Heiligen an, in der Hoffnung, dass sie dort einige Zeit stecken bliebe. War das der Fall, dann konnten sie noch im selben Jahr mit der Hochzeit rechnen.

Eine interessante Parallele zu diesem Brauch gab es in der irischen Grafschaft Donegal: Dort umrundete das heiratswillige Mädchen einen Heuschober, in dessen Wand es dann ein Messer mit schwarzem Griff stieß und dabei den Namen des Teufels aussprach.

Derjenige, der das Messer herauszog, wurde der Erwählte. In beiden Ritualen, Nadel wie Messer, bleibt ein gewisses erotisches Moment nicht verborgen. Leider fand dieser jahrhundertealte Brauch in Ploumanach ein abruptes Ende, als man die Holzstatue des Heiligen durch eine steinerne ersetzte.

Nicht weit von der Kapelle des „Heiratsvermittlers“ findet sich noch ein steinernes Bett. Auf solch harter Liegestatt verbrachten irisch-bretonische Heilige häufig ihre Nächte, reisten mitunter damit sogar übers Meer. Ein Brauch war es nun in Ploumanach, Kinder, die nicht das Laufen lernen wollten, darin zu betten. Ob dieser Methode Erfolg beschieden war, darüber schweigen die Chronisten.

Was mich von jeher fasziniert hat, ist Kerguntuil bei Trégastel. Aber eine solche Wirkung geht nicht so sehr vom heutigen Ort gleichen Namens aus, sondern von den megalithischen Monumenten. Nach wie vor bergen sie erhebliche Rätsel in sich. In einem Dolmen, von dem nur noch einige größere Steinquader erhalten sind, sieht man an der Innenseite eines Steines sechs Paare weiblicher Brüste, welche die „Allernährerin“, die Große Mutter, symbolisieren.

Im nahe gelegenen Ganggrab des Prajou-Menhir bei Trébeurden sind es drei Paare. Dass es sich bei den Menschen, die den Kult der Großen Mutter pflegten, nicht um einige weltabgeschiedene Einzelgänger gehandelt hat, zeigt die Tatsache, dass in Kerguntuil Vasen eines bestimmten Typs entdeckt wurden, nämlich mit einer Halskrause. Diese Vasen waren aus ähnlichen Gräbern in Dänemark geborgen worden.

Côte de Granit Rose,
Nord-Finistère

Das „Hühnerauge“ und eine keltische Klippensiedlung

Die Halbinsel Crozon, ganz im Westen Armorikas, trennt die Rade (Reede) de Brest von der Baie (Bucht) de Douarnenez. Mit ihrer nördlichen Spitze, Pointe des Espagnols, verschließt sie bis auf einen schmalen Durchlass die erstere und bietet letzterer im Cap de la Chèvre, dem Ziegenkap, einen wirkungsvollen Schutz. Die ganze Halbinsel ist von Buchten „ausgefranst“ und mit Felsspitzen bewehrt.

Eine kleine Felsplatte im Westen trägt den Hafen von Camaret. In Camaret-sur-Mer sitzen Fischer schweigend neben einem umgestürzten, an Land gezogenen Kahn. Hinter ihnen verrotten seit Jahrzehnten schon drei brüchige Schiffsleiber. Bretonische Schiffe haben eine Seele, deshalb lässt man sie in Ruhe sterben. Die Fischer reparieren geschickt die tonnenförmigen Körbe, mit denen sie Langusten und Hummer fangen. Die intakten „Cassiers“ sind an der Mole aufgestapelt, bereit für den Fang am nächsten Morgen. Im „Rücken“ des hübschen Hafenstädtchens erhebt sich die Klippe Pointe de Penhir mit ihren drei wie schroffe Felsnadeln ins Meer gesetzten unzugänglichen Inseln, dem „Erbsenhaufen“.

„Hierher, hoch über der Leere, an die Grenze dieser großen flachen, vollerblühten Wiese, die das Festland abschließt. Hundert Meter tiefer liegen die weißen Kiesel und der Streifen aus Strandmuscheln, dann eine wunderbare meergrüne Borte, endlich das ganze eintönige Meer. Hunderttausend, zweihunderttausend Hektar dunkelgraues Meer vor dem Horizont, endloses Wechselspiel von Wogenkämmen und leichten Höhlungen, ein enormes Reich ohne Unterbrechung, ohne Grenzstein, weder Wälder noch Dörfer“, [6] schreibt Henri Queffélec.

Östlich von der Klippe stehen von den einst 700 Menhiren nur noch 86 aufrecht: Sie heißen Lagad-Yar, das „Hühnerauge“, und der französische Forscher Pitre Chevalier, dem zufolge sie in ihrer Exaktheit jenen von Carnac in nichts nachstehen, hält sie für ein astronomisches Observatorium. Im Schutz von Beg ar Gador, der „Spitze des Stuhls“, öffnet sich der Küstenstreifen von Morgat sanft zur Bucht von Douarnenez.

Morgat hat einen ebenso schönen wie beliebten Strand. Der Ort besticht durch seine wunderschöne Lage auf einer schmalen Halbinsel voller Naturschönheiten: Ihre Steilküste ist von Grotten ausgehöhlt, die sich zum Teil nur vom Meer aus erreichen lassen. Die Betrachter werden aber durch das Farbenspiel der Felsen und der Meeresflora verzaubert (siehe „Leibesöffnungen der Erdmutter und die Macht der Druiden“, Seite 94).

„Um die Jahreszeit Ende August geht gleichsam eine Erschlaffung durch das Land, wie ein warmer Hauch aus den heißen Ländern des Südens. Dann gibt es leuchtende Abende mit blendendem fremdartigen Sonnenschein bis auf das bretonische Meer hinaus. Sehr oft ist die Luft durchsichtig und still und kein Wölkchen zu sehen“. [7] (Pierre Loti) Antike Erzsucher haben ihre Spuren auch auf der Halbinsel von Crozon hinterlassen:

Beim Kap von Lostmarc’h, zehn Autominuten von Morgat entfernt, sind zwei riesige grasbewachsene Abschnittswälle zu sehen, hinter denen sich einst eine Klippensiedlung befunden hatte. Dass das keltische Seefahrervolk der Veneter meer- und sturmerprobt gewesen war, davon berichtet schon Julius Cäsar.

Über die Veneter teilt er mit, sie hätten Schiffe gehabt, die besonders gut geeignet gewesen seien, den stürmischen und gefährlichen Atlantik zu befahren, weil extrem hohe Vorder- und Achterdecks ihre Besatzung vor überschwappenden Wellen schützten. Im Übrigen seien die Fahrzeuge, „um jeden Ansturm und jeden Stoß auszuhalten“, ganz aus Eichenholz zusammengefügt und mit Ankern versehen gewesen, die nicht wie die römischen an Tauen, sondern an Ketten hingen. Auch seien sie mit Ledersegeln statt Leinwandsegeln ausgerüstet gewesen, „entweder aus Mangel an Tuch oder aus dem wahrscheinlicheren Grund, dass man nach ihrer Erfahrung mit gehissten Stoffbahnen den starken Böen auf dem Ozean und den gewaltigen Orkanen nicht begegnen, noch solche schweren Schiffe bequem genug steuern könne“. [8]

Die keltischen Schiffe waren demnach also schwer und ziemlich plump. Offensichtlich haben sie weniger den schnittigen Wikingerschiffen späterer Zeit geglichen als vielmehr – laut Cäsars Beschreibung – den hochbordigen Koggen des 14. Jahrhunderts, mit denen sie der eigenen Zeit voraus gewesen wären.

Solche hochbordigen Schiffe aus schwerem Eichenholz fingen den Rammstoß einer fünfrudrigen Galeere leichter ab und ließen sich gleichfalls nicht schnell entern, weil die römischen Schiffe niedrigere Decks hatten. Kel-

Fischerboot im Hafen von Pors-Guen, Baie de Kernic, Nord-Finistère

ORT

tische Ledersegel, die am Horizont auftauchten, waren also durchaus imstande, eroberungslüsterne Römer von einem etwaigen Angriff abzuhalten. Die unbekannte keltische Bevölkerung, die vor fast 2000 Jahren knapp vier Kilometer westlich vom heutigen Morgat gelebt hat, hinterließ deutliche Spuren ihrer Besiedlung. Zwei riesige Abschnittswälle schirmen das Kap von Lostmarc'h zwischen der Pointe de Dinan und dem Cap de la Chèvre gegen das Hinterland ab.

Zum Meer hin sorgten die hohen Klippen für Schutz vor potentiellen Angreifern. An einer solchen keltischen Klippensiedlung dürften sich auch die Römer lange Zeit die Zähne ausgebissen haben. Hinzu kam, dass sich die Bewohner durch ihre Schiffe auch auf dem Meer zu behaupten wussten. Wovon aber haben diese Menschen gelebt – vielleicht vom Handel?

In der Tat könnte der Keltenstamm von Morgat ein Lieferant von erzenen Rohstoffen gewesen sein, die er wahrscheinlich sogar aus dem südlichen Irland, dem gebirgigen Hinterland des Ring of Kerry, bezog. Das Erz wiederum begünstigte den Aufstieg der Hallstadt-La Téne-Kultur von Nordeuropa bis hinunter zum Donauraum.

König Markes Grab und ein magischer Kreis

Dort, wo die Halbinsel von Crozon sich wieder verbreitert, um in den Landrücken der Bretagne überzugehen, erhebt sich der Berg Ménez-Horn. Hier soll irgendwo das Grab des legendären eselsohrigen Königs Marke (March) liegen, der auch mit Tintagel in Cornwall in Verbindung gebracht wird, der Artusburg. Vom Ménez-Horn hat man einen herrlichen Ausblick über die Baie de Douarnenez und die Crozon-Halbinsel. Auf einem dem Ménez-Horn vorgelagerten Hügel namens Hielc'h wurde ein magischer Kreis aus sehr flachen weißen Steinen angelegt. Interessanterweise übersetzen einige französische Linguisten den Namen Ménez-Horn mit „Berg des Gürtels“. In

örtlichen Sagen heißt es, dass in dem magischen Kreis die Seelen Verdammter „gebunden“ seien. Wer des Nachts seinen Fuß hineinsetzte, würde den schrecklichen Ort bis zum Morgengrauen nicht mehr verlassen können und Schreckliches dabei erleiden. Ich habe den magischen Kreis untersucht und halte ihn zunächst einmal für einen Cromlech. Allerdings bietet er in der Tat schon ein recht merkwürdiges Bild, weil seine flachen Steine offensichtlich in einem ganz bestimmten Muster platziert worden sind.

Die Menhire von Quiberon

Die Halbinsel Quiberon ragt baumlos 14 Kilometer ins Meer hinein und ist eigentlich eine grasbewachsene, leicht gewellte Landzunge, eine Insel, welche die Verbindungen mit dem Festland durch einen schmalen, an manchen Stellen knapp 22 Meter breiten Landstreifen aufrechterhält. Die permanente Meeresbrise presst die kaum fingerlangen Pflanzen an den Erdboden und nimmt ihnen jegliche Möglichkeit, sich aufzurichten. Eindrucksvoll der Kontrast zwischen der Ostküste mit ihren gut geschützten, von Felsklippen begrenzten Stränden – das Wasser ist so klar, dass man auf dem Meeresboden fliehende Krabben ausmachen kann – und der Westküste, die zu Recht den Namen Côte Sauvage (Wilde Küste) trägt: sowohl wegen der dort herrschenden rauen See als auch wegen ihrer tiefzerklüfteten Felswände, Grotten, Kliffs und Riffe. „Doch was die Augen zu erblicken nicht müde werden, ist dieses starke und kräftige Azurblau, das sich mit einer ganz deutlichen Grenze und starkem Kontrast vom Mattgrün der Heide und dem Weißgrau der Küste abhebt“ [9], schreibt Hippolyte Taine über die Halbinsel. Auf Quiberon setzen sich die megali-

thischen Denkmale von Carnac und Locmariaquer fort. In mit flachen Steinen ausgelegten Sandgruben – etwa bei Port Blanc – wurden mit Ocker bestreute menschliche Skelette in Hockstellung entdeckt. Zu den Grabbeigaben gehörten Schmuck aus Muscheln und Tierzähnen, Feuersteineinsätze für Pfeile, Harpunen, Hirschgeweih (siehe „Transport der tonnenschweren Menhire und andere Rätsel", Seite 152) und Hirschkiefer, die heute im Museum von Carnac besichtigt werden können.

Ähnliche Gräber gibt es auch auf den Inseln Théviec und Houat. Hier hat man als Besonderheit einige Verstorbene mit einem Kind im Arm ausgegraben.

Eine neolithische Siedlungsstätte befindet sich auf der Höhe von Kervihan an der Cornichestraße (D 186). Sehenswerte Megalithen stehen auch zwischen der Pointe du Conguel und der Pointe de Goulvars. 300 Meter vor der Kirche Saint-Pierre bei Port Orange haben die Großsteinleute vor 6500 Jahren 23 Menhire strahlenförmig angeordnet.

Ein verblüffender Anblick, der sich noch steigert, wenn man dem südlichen Weg in Richtung einer alten Windmühle folgt. Dort stößt man unvermittelt auf 40 Menhire, die alle in Gestalt eines überdimensionalen Hühnereies aufgestellt wurden.

Die Träne der Feenkönigin: Belle-Île

In der Antike nannte man sie Vindilis, heute trägt sie einen verheißungsvollen Namen: Schöne Insel. Diese Bezeichnung kommt ihren legendären Ursprüngen auch näher. Die Sage erzählt, dass sich die armorikanischen Feen eines Tages gezwungen sahen, die Bretagne zu verlassen. Darüber weinten sie so sehr, dass ihre Tränen zum Meer rollten, wo sie sich in die Inseln des Golfs von Morbihan verwandelten. Eine Träne der Feenkönigin jedoch, die schönste und größte, wurde zur Belle-Île. Ich stehe am südlichsten

Bucht bei Nodèven bei Guissèny, Nord-Finistère

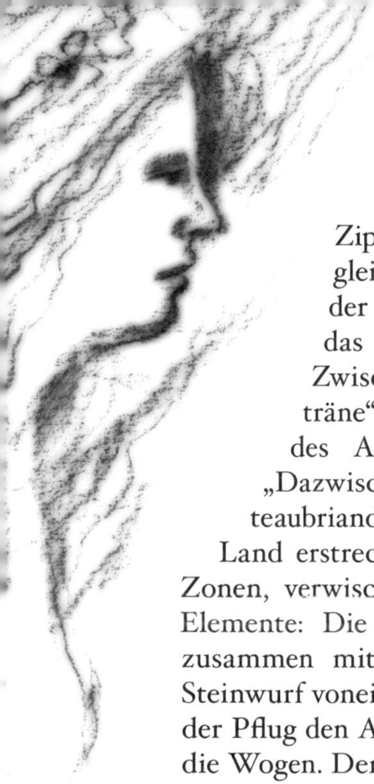

Zipfel von Quiberon, des gleichnamigen Hauptports der Halbinsel, von wo aus das Schiff zur Insel ablegt. Zwischen mir und der „Feenträne“ wogen die Wellen des Atlantiks. Über dieses „Dazwischen“ schreibt Chateaubriand: „Zwischen Meer und Land erstrecken sich pelagianische Zonen, verwischte Grenzen der zwei Elemente: Die Feldlerche fliegt hier zusammen mit der Seelerche; einen Steinwurf voneinander entfernt, furcht der Pflug den Acker und der Bootskiel die Wogen. Der Schiffer und der Hirte leihen sich gegenseitig ihre Sprache aus; verschiedenfarbener Sand, Muschelbänke, Tangsträhnen und versilberte Schaumkämme bezeichnen den blonden oder grünen Rand der Kornfelder.“ [10] Beim Einlaufen der Fähre im Hafen von Le Palais scheint der ganze Ort auf den Beinen zu sein. Der ankommende Knäuel aus Fahrgästen, Autos und Fahrradfahrern entwirrt sich rasch, und am Kai, wo eben noch geschäftiges Treiben geherrscht hat, kehrt der Inselfrieden wieder ein.

Der Charakter von Belle-Île ähnelt jenem der Quiberon-Halbinsel. Hier wie dort gibt es eine Côte Sauvage und eine für Badeurlauber. Die Landschaft wird vom Gelb des Ginsters, vom Rosa des Heidekrauts und vom Bunt der Blumen vor den Fenstern mit den blauen Läden bestimmt. Ich folge einem der gekennzeichneten Rundwanderwege, der entlang der fjordähnlichen Küste verläuft. Die Küstenlinie selbst bietet immer wieder Überraschungen: monströse, aufeinander gefallene, einzelstehende Blöcke, mit Steinen zugeschüttete Einschnitte, versandete Häfen, smaragdgrünes Wasser und Vorgebirge, von weißen Gischtwulsten umsäumt.

Und überhaupt das Meer: „Im Norden verliert sich das zerklüftete Felsgemäuer in dem Getöse und dem Geheimnis dieses riesigen Ozeans, der von überall herbeieilt und sich flutend und dröhnend auf dieses Stück Erde wirft, das gleich einem Floß dahinzutreiben scheint.“ [11] Zwei Menhire stehen auf der Belle-Île bei Runélo: Jean und Jeanne. Und sie sind die einzigen auf der „Feenträne“. Da ihr Gestein nicht von der Insel stammt, müssen sie in grauer Vorzeit vom Festland hierher gebracht worden sein. Während „Jean“, zwei Meter groß, aus Granit ist, besteht die etwas kleinere „Jeanne“ aus rötlichem Schiefer – eine ungewöhnliche Tatsache.

Der Legende zufolge waren sie ein Liebespaar, das nicht zusammenkommen durfte und deshalb von Hexen in Steine verwandelt wurde. Angeblich können sie in bestimmten Nächten aus ihrer „steinernen Haut“ heraus und sich lieben, was jedoch noch niemals von einem Sterblichen beobachtet worden ist.

Ihr Vorhandensein belegt jedoch, dass „weibliche“ und „männliche“ Menhire gar nicht einmal so selten in unmittelbarer Nähe zusammen aufgestellt worden sind. Vermehrt findet man solche Paare an den Côtes-du-Nord. Am Abend hocke ich an der Plage de Port Donnant und beobachte das Meer, wie es sich ununterbrochen in einen engen Felsenschlund ergießt, um sich sogleich wieder aus ihm in die eigene Weite zurückzuziehen. Der Himmel ist violettblau und an ihm leuchtet die Sichel des Mondes wie ein Schmuckstück. „Je mehr er an meinem heimatlichen Ufer zum Horizont heruntersteigt, desto mehr wächst sein Schweigen, das er dem Meere mitteilt; bald sinkt er hinter den Horizont, zeigt nur noch die Hälfte seines Antlitzes, das sich neigt und in dem weichen Wogenteppich verschwindet. Und nicht eher legt der Mond sich zur Ruhe, als bis ein weit her kommender Windhauch die Sternbilder zerbricht, wie man nach einem Feste die Fackeln auslöscht“ [12], höre ich den bretonischen Dichter in meinen Gedanken sprechen. Denn das Wunderbarste an der Bretagne ist der Mond über der Belle-Île.

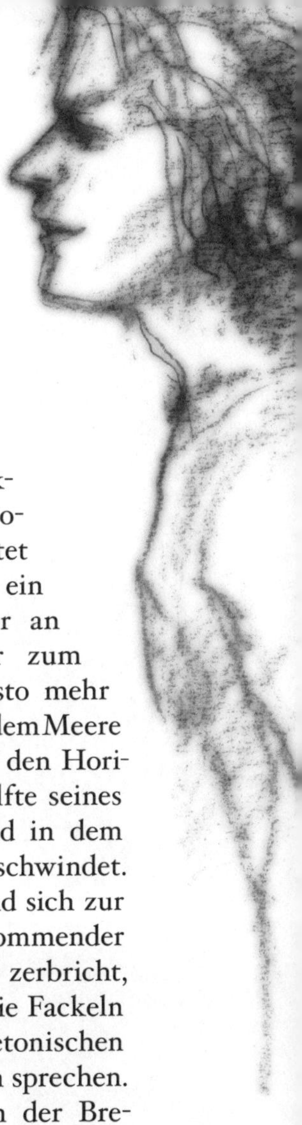

VERSUNKENE STÄDTE UND KULTUREN

Tolente: Suche nach der verlorenen Stadt

Niemand weiß Genaues. Manche bezweifeln gar, dass es Tolente überhaupt gegeben hat. Aber dann fördern die Netze der Fischer vom Meeresgrund oder die Pflüge der Bauern aus ihren Äckern um Plouguerneau immer wieder rätselhafte Dinge zutage: Tonscherben, Knochen, Schmuck. Fügt man alles, was man bislang im Meer oder dem Erdreich entreißen konnte, wie Teile eines Puzzles zusammen, so wandelt sich die Vermutung zur Gewissheit, dass im nordöstlichen Zipfel der Bretagne einstmals über Jahrtausende eine große, blühende Handelsstadt existiert haben muss...

Sie soll Tolente oder Talenche geheißen haben und angeblich im Jahr 875 von den Normannen endgültig zerstört worden sein. In der mittelalterlichen Chronik des Alain Bouchard steht geschrieben, dass „der König Judicael im siebten Jahrhundert über die schöne und reiche Stadt Tolente geherrscht hat". Niemand kennt ihre genaue Lage. Forscher nehmen an, dass auf ihren verbrannten Grundmauern das heutige Plouguerneau errichtet worden sei, das am Aber Wrach liegt, was so viel wie „Mündung der Hexe" bedeutet.

Den Hypothesen einiger Tolente-Forscher zufolge soll die Stadt von kretischen Seefahrern 3000 Jahre vor unserer Zeitrechnung gegründet worden sein. Angeblich, um von Tolente aus über den Ozean bis nach Mittelamerika zu segeln – immer der untergehenden Sonne folgend. Und was wollte man dort im Westen suchen – Atlantis?

Was sich im ersten Moment unsinnig anhört, wird durch Funde wissenschaftlich gestützt. Hüben wie drüben ergaben sich stilistische und hieroglyphische Analogien auf zahlreichen Artefakten. Ungeklärt ist bislang, welche Rolle das bretonische Tolente (so es denn wirklich existierte) für die antiken Seefahrer wirklich gespielt hat. In der Umgebung bezeugen Dolmen, Menhire, Grabhügel, keltische Steinzeichen und ein Römerlager eine kontinuierliche Besiedlungsgeschichte der Region. Viel Rätselhaftes bleibt bis auf den heutigen Tag bestehen. Angeblich soll das antike Tolente einer gewaltigen Flutkatastrophe zum Opfer gefallen sein.

Stehen hier deshalb so viele Menhire und Dolmen im Wasser? Als Ausgangshafen für den Seeweg nach Amerika wäre Tolente von seiner strategischen Lage her ideal gewesen. Bislang wurde dieser Landstrich der Bretagne von den Archäologen mehr als stiefmütterlich behandelt.

Dabei beweisen die alten Sagen und die Funde der jüngsten Zeit unumstößlich, dass es sich um einen geschichtsträchtigen Kulturraum gehandelt haben muss. Nicht von ungefähr heißt die Küste hier im Volksmund „Küste der Legenden". Es scheint also an der Zeit zu sein, Tolente endgültig der Vergessenheit zu entreißen.

Escoublac – Die Stadt unter den Dünen

Knapp sieben Kilometer entfernt von Guerande und nördlich von La Baule auf der Straße nach Saint-Nazaire stößt man auf die Burg Escoublac, die im 18. Jahrhundert an genau der Stelle wiedererrichtet worden war, wo einst ihre Vorgängerin gestanden hatte. Was war dem alten Escoublac zugestoßen?

Die Sanddünen der Gegend sind heute „entschärft", aber vor ein paar hundert Jahren waren sie nicht nur wesentlich höher, sondern aufgrund ihrer „Wandertätigkeit" auch noch gefährlich. Wie gefährlich, das zeigte sich auf dramatische Weise im Jahr 1527

Damals wurde während eines schrecklichen Sturms die Stadt Escoublac binnen kürzester Zeit unter Tonnen von Sand begraben. Fast 160 Bewohner seien dabei, im Schlaf überrascht, ums Leben gekommen, darunter viele Kinder. Und sie sind es auch, die man angeblich in manchen Nächten dort in den Dünen nahe am Meer noch spuken hören soll. Von Kinderlachen, wildem Gekicher, aber auch von markerschütterndem Geschrei und unheimlichem Geheul erzählt man sich. Bedrohlich nah klänge das, und ginge einem durch Mark und Bein; aber sobald man sich umschaute, sähe man nichts anderes als Sand, Sand, Sand.

Ys – die Stadt in der Tiefe

Gradlon, der König von Cornouaille, hatte seiner Tochter Dahud eine prächtige Stadt mit Namen Ker Ys (Stadt in der Tiefe) erbauen lassen und durch mächtige Deiche und eiserne Schleusentore, deren Schlüssel er höchst persönlich bewahrte, gegen das allgewaltige Meer geschützt. Die Einwohner von Ys führten ein Leben in Saus und Braus, und auch die sich dem Christentum widersetzende Tochter des Königs nahm an diesem orgiastischen Treiben munter teil, bis die Stadt schließlich wegen der Sündhaftigkeit ihrer Bewohner eines Tages von den über die geborstenen Deiche hereinbrechenden Fluten des Meeres mit Mann und Maus verschlungen wurde. Einzig König Gradlon konnte sich retten, dank eines Wunders durch den heiligen Gwénolé.

Dahud, die dem Vater den Schlüssel entwendet hatte, um ihn einem Liebhaber zu geben, wollte sich noch zum Vater auf das rettende Pferd schwingen. Aber es gelang ihr Gott sei Dank nicht. Denn sonst hätte sie den guten König noch mit ins Verderben gerissen.

Dies geschah an einem Ort, der heute noch Toul-Dahud (Schleuse der Dahud) heißt, damit die Erinnerung an dieses Ereignis stets bewahrt bleibe. Aber Dahud ist nicht tot. Seit jener Zeit begegnen Fischer immer wieder der Königstochter, die nun tief im Meer lebt und inmitten eines Schwarms großer Fische ruhelos umherzieht. Und bei ruhiger See soll man die Stadt Ys mit ihren Mauern, Palästen und Kirchen erkennen und das traurige Geläut ihrer Glocken hören können. Zu gewissen Zeiten öffnet sich die Stadt den Menschen, und wenn es dann irgend jemandem gelänge, einem der Bewohner von Ys etwas abzukaufen, würde es vom Meeresgrund wieder auftauchen. Dem ersten, dem es gelänge, die Kirchturmspitze zu erkennen, fiele die Stadt mit all ihren Ländereien zu, verheißt die Legende.

Die Bretagne zählt beinahe ein Dutzend Städte, die im Meer versunken sein sollen. Aber von keiner sind so viele Legenden im Umlauf wie von der Stadt Ys, ihrem König Gradlon und seiner lasterhaften Tochter Dahud. Generationen von Archäologen und Historikern haben sich die Köpfe darüber zerbrochen, wo die Stadt gelegen haben könnte.

Der Überlieferung nach in der Baie de Douarnenez, denn Douarnenez heißt so viel wie „Neue Erde". Klingt das nicht so, als ob sich hier Menschen nach einer Katastrophe zusammengefunden und einen neuen Anfang gewagt hätten?

Eine Springflut soll im Jahr 1923 auf dem Grund der Baie de Douarnenez Überreste von Bauten für einen kurzen Moment freigelegt haben sowie einen Wald von liegenden Bäumen, deren Wurzeln zur See wiesen, während die Zweige zum Festland hin ausgerichtet waren. Überraschung löste in der Fachwelt vor einigen Jahren eine These aus, die ein bretonischer Forscher anhand von Funden aus der gallisch-römischen Epoche wissenschaftlich untermauern konnte.

Er untersuchte den Verlauf der römischen Straßen im westlichen Teil der Halbinsel – und machte eine erstaunliche Entdeckung: Die Straßen schneiden sich alle im Meer, etwa sechs Kilometer nordwestlich von Douarnenez in der gleichnamigen Bucht. 1965 brachten hier Fischer aus 15 Metern Tiefe rö-

mische Ziegelscherben ans Tageslicht, erste Hinweise auf eine doch nicht nur legendäre Stadt auf dem tiefen Meeresgrund?

Eine uralte Mauer

Weitere Spuren entdeckte man in der Nähe der Pointe du Van. Dort stießen Bauarbeiter bei Grabungen auf Mauerreste aus gallisch-römischer Zeit, die seitdem in der Bevölkerung als „Mauer der Stadt Ys" gelten. Um Relikte der legendären Stadtbefestigung dürfte es sich dabei wohl nicht handeln, aber die Datierungen der Ziegel reichen sehr weit zurück, so dass man sie als einen weiteren Beweis für eine flächenmäßig ausgedehnte Besiedlung der Region in antiker Zeit ansehen darf. Die „Mauer von Ys" kann bei dem Ort Trouguer in Richtung Pointe du Van besichtigt werden.

Eine Straße nach Ys

In Briec kreuzen sich bei La Madeleine zwei alte römische Heerstraßen: Die eine, von Nord nach Süd, verbindet Castrum Legionum (Saint-Pol-de-Léon) mit Civitas Aquiona (Quimper). Die andere, aus nordöstlicher nach südwestlicher Richtung verlaufend, führt von Vorganium (Carhaix) direkt zur Baie de Douarnenez, um dort im Meer zu verschwinden.

Man mache sich selbst einen Reim darauf und folge der Römerstraße. Sie kann nur zu einer in der Tiefe des Ozeans versunkenen Stadt geführt haben, weil sie sonst überflüssig gewesen wäre. Und die alten Römer hätten für solche Späße nicht nur kein Geld übrig gehabt, sondern auch kein Verständnis.

Das Grab des Königs Gradlon

Es liegt auf einer landschaftlich schönen Stelle, nämlich auf der Halbinsel von Landévennec, inmitten von Buchen-, Kiefern- und Kastanienwäldern. Umspült von der Aulne, bezaubert die Halbinsel mit ihrem milden Klima, Palmen und einem Liebreiz der Natur, dass man gern glaubt, hier sei ein legendärer König begraben worden.

Pinienbaum bei Trégastel, Nord-Finistère

Landévennec ist das Land des heiligen Gwénolé, der auch Walloy heißt. Angeblich wurde er im 5. Jahrhundert in Amerika geboren, nachdem seine Eltern Britannien verlassen hatten. Seine Jugend war von Frömmigkeit und Weisheit gekennzeichnet. Als Novize vollbrachte Gwénolé viele Wunder.

Nachdem ihm in einer Nacht der heilige Patrick, der Irland christianisiert hatte, erschienen war, zog sich Gwénolé von der Welt zurück und gründete ein Kloster. Das war im Jahr 485 und die Historiker konnten tatsächlich belegen, dass zu jener Zeit ein König mit dem Namen Gradlon über das bretonische Cornouaille herrschte.

Das Kloster wurde von den Normannen im Jahr 913 zerstört. Nach seinem Wiederaufbau entwickelte es sich zu einer der Hochburgen des geistlichen und geistigen Lebens der Bretagne. Erst die französische Revolution versetzte dem spirituellen Zentrum der westlichen Finistère den Todesstoß. Der Legende zufolge war Gwénolé ein Freund König Gradlons. Dieser hatte nach dem Untergang seiner Stadt an der Gerechtigkeit Gottes zu zweifeln begonnen, war aber dank Gwénolé auf den christlichen Lebensweg zurückgekehrt. Aus Dankbarkeit schenkte ihm der König einen Teil der idyllischen Halbinsel. Ob er seine letzte Ruhestätte wirklich im Boden der alten Abtei gefunden hat, ist umstritten. Das ganze Gelände dürfte aber eines Königs vom Rang Gradlons würdig sein.

Klöster, Tempel und alte Grabanlagen wurden niemals willkürlich in die Landschaft gesetzt, sondern dort errichtet, wo die Kraftlinien der Erde es notwendig machten. Somit betritt jeder, der durch die Ruinen des Klosters von Landévennec schreitet, heiligen Boden.

Es ist ein guter, friedlicher und schöner Platz – ein wahrer Ort der Kraft, der dazu ermuntert, sich innerlich loszulassen. Und warum sollte König Gradlon hier nicht zur letzten Ruhe gebettet worden sein? Sein vermeintliches Grab ist ein zweistöckiger Turm

Steinkreuz am Pointe de St. Mathieu

im südlichen Querschiff, geschmückt mit korinthischen Halbsäulen. Sehenswert sind außerdem die römischen Kapitelle mit in Granit stilisiertem Palmetten- und Blattwerkdekor, in das sich Flechtornamente vermischen. Für den Liebhaber alter Bau- und Kunststile bietet das Kloster eine gelungene Synthese aus karolingischer und irisch-keltischer Kunst.

Wer ist Dahud? Was ist Ys?

Der Legende nach kam Dahud auf dem Meer zur Welt und war von gleich liebreizender Gestalt wie ihre Mutter. Dahud ließ sich von ihrer Geburt gern erzählen und fiel dabei jedes Mal in einen Traum, aus dem sie lange Zeit nicht mehr erwachte.

Laut christlicher Überlieferung soll sie sich nichts sehnlicher gewünscht haben, als so viele Männer wie möglich zu verführen und auf grausame Weise zu töten. War die Tochter Gradlons also eine verbrecherische Nymphomanin? Als solche galt sie nämlich in den Augen der Moralapostel, die das Keltentum mit allen Mitteln bekämpften.

Doch merkwürdigerweise leitet sich der Name Dahud von dem alten Wort „Dagosoitis“ ab, was so viel wie „gute Hexe“ bedeutet. Die Kelten verehrten sie, weil sie in hartnäckiger Opposition zum Christentum stand und über magische Kräfte verfügte. Sie setzt sich über die männliche Autorität hinweg, denn sie führt ein zügelloses Leben und nimmt dem Vater den Schlüssel weg.

An einer Stelle heißt es von ihr, dass sie den Mönch Corentin durch ihre Schönheit kränkte. Wahrscheinlich handelte es sich bei Dahud ursprünglich um eine alte bretonische Göttin aus der Gegend der Pointe du Raz, die als „gute Hexe“ mit all ihren weiblichen Reizen in der Erinnerung der Menschen so lange weiterlebte, wie das Christentum ihr ursprüngliches Wesen noch nicht verfälschen konnte. Jean Markale schreibt: „Die Stadt Ys lebt auf dem Meeresgrund weiter fort und mit ihr die versunkene Prinzessin, und der erste, der am Tage der Wiederauferstehung von Ys ihre Glocken läuten hört, gelangt in den Vollbesitz des Königreichs und dazu der Dahud. Noch entscheidender ist aber die Frage, wo die Stadt Ys der Wirklichkeit zu suchen ist: oben oder unten? Oder kann man bei der Betrachtung der Spiegelung einer Stadt oder eines Waldes auf dem Wasser eines Sees, Flusses oder Meeres überhaupt jemals sicher sein, ob die Realität auch wirklich auf der Seite liegt, wo man sie vermutet?"[13]

Für Markale, den großen keltischen Mythenforscher, gleicht die Entfernung von der Stadt Ys zur Insel Avalon nur der Distanz von einem Bild im Unbewussten des Mannes. Dort jedoch hat sie sich zum stummen, unbewältigten Bild einer Göttin entwickelt, herrlicher und mächtiger als je zuvor, eine Göttin, die er „niemals hätte aufhören sollen zu verehren und anzubeten".

Der Golf von Morbihan: Zentrum der Megalithkultur?

Das Rätsel Gavrinis

Bereits Ende des letzten Jahrhunderts schrieb der französische Historiker Camille Jullian: „Die Menschen des Morbihan waren die Gebieter der westlichen Meere. Sie spielten dort die gleiche Rolle, und dies zweifellos zur gleichen Zeit wie Cadix vor der großen Meerenge, wie Kreta im Osten des Mittelmeeres. Diese Herrscher der Meere standen in ständiger Verbindung. Minos, Cadix, der Morbihan, das ist die ununterbrochene Kette des Handelsverkehrs, durch den die Schiffe, die Waren und damit auch die Zivilisation der antiken Welt in ständiger Bewegung waren..."[14]

Sicherlich haben die zahllosen, mitunter sensationellen Funde aus der Megalithkultur im Golf von Morbihan, auf der Halbinsel Rhuys, südlich von Baden sowie in und um Locmariaquer Jullian zu seiner These ermutigt. Carnac mit

Steinallee von Carnac

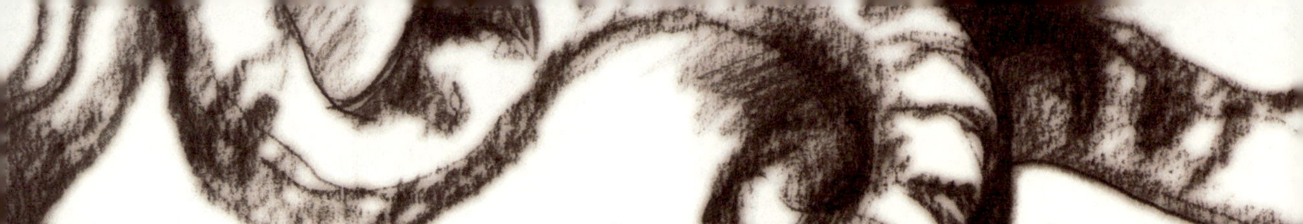

seinen Steinalleen liegt ebenfalls in der Nähe, so dass man davon ausgehen darf, dass dieses ganze an der Küste gelegene Gebiet im südlichen Morbihan einstmals das Zentrum der megalithischen Zivilisation in der Bretagne gewesen ist. Der Golf selbst, so wie er sich heute mit seinen Inseln und Inselchen zeigt, hat damals noch nicht existiert.

Der Meeresspiegel muss im Laufe der Zeit gestiegen sein und hat die tiefer gelegenen Landstriche überflutet. Infolgedessen stehen im Golf von Morbihan einige Dolmen, Menhire und Steinkreise unter Wasser und sind nur bei Ebbe zum Teil sichtbar. Manche mögen sogar noch auf dem Grund des Meeres ihrer Entdeckung harren.

Einige der steinzeitlichen Baudenkmäler sind spektakulär und bewahren ihre Geheimnisse nach wie vor. Der Cairn auf der Insel Gavrinis, auch die Ziegeninsel genannt, gehört mit dazu. Er birgt einen großen Dolmen, in dessen Innerem ein 15 Meter langer Gang zu einer über zwei Meter breiten Kammer führt. Dieses außergewöhnlich gut erhaltene Ganggrab wurde erst vor wenigen Jahren der Öffentlichkeit zugänglich gemacht. Von Larmor-Baden gibt es in den Sommermonaten eine regelmäßige Schiffsverbindung zur Insel. Die Besichtigung des sechs Meter hohen und 50 Meter breiten Grabes erfolgt unter einer fachkundigen Führung. Fast 50 unbearbeitete und sorgfältig genaustens nebeneinander gesetzte Steinplatten bilden das Innere des Dolmens. Besonders faszinierend sind die Eingravierungen an den Wänden, die mit Hilfe von Quarzsteinen entstanden: zum Beispiel die typischen Spiralen und ineinander gezeichneten Kreise. Hans Biedermann schlägt vor, sie als Labyrinthe aufzufassen, die man spiralig durchtanzte und dabei spielerisch Tod

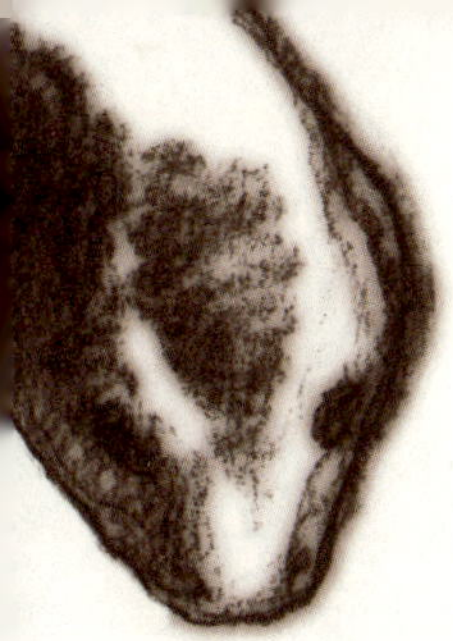

und Wiedergeburt vorwegnahm. Man sieht auch Schlangenlinien, U-Zeichen, Äste, Pfeile, Bogen und schematisierte Menschen mit einem Halsband.
Derartige Steinritzungen sind auch auf Malta, vom Schwellenstein des Tumulus in Newgrange (in Irland) oder von vergleichbaren Anlagen auf der Iberischen Halbinsel bekannt – allerdings zumeist in einem weniger guten Zustand. Schlangenzeichen tauchen in der kultischen Welt der unbekannten Erbauer immer wieder auf.

Die Druiden in späterer Zeit verehrten die Schlange als heiligstes aller Symbole, ihr Zeichen als Urquelle der Schöpfung.

Die konzentrischen Kreise und Spiralen waren Sinnbilder des „unendlichen Seins" und des expandierenden oder kontrahierenden Universums, des Übergangs vom Kleinsten zum Größten. Vielleicht versinnbildlichen die konzentrischen Kreise der Grabsteine von Gavrinis und anderer Dolmen, häufig siebenfach übereinander gestaffelt, aber auch das Jenseits. Die Anderswelt als das Reich der Schwingungen – ich denke, dass die megalithischen Menschen sie so darstellen wollten. Neben die Symbole für ihr irdisches Dasein – Beile, Hacken und Tiere – setzen sie die jenseitige Welt: Schwingungen.

1984 führte die Freilegung des Decksteins zu einer erstaunlichen Entdeckung von Tierabbildungen, Hörnern und einem Axt-Pflug. Dabei stellte sich heraus, dass der Deckstein Teil einer größeren Platte war, die auch bei der Table des Marchands und der Gruft Er Grah Verwendung fand. Offensichtlich haben die Erbauer dieser drei Anlagen einen großen Menhir in drei Teile gebrochen, um diese zu Deckplatten zu verarbeiten.

Er Lannic

Dieses Inselchen, einen Steinwurf von Gavrinis entfernt, hat etwas Einmaliges vorzuweisen: zwei Steinkreise, die sich berühren und von denen der südlich gelegene bei Flut ständig, der nördliche etwa zur Hälfte unter Wasser steht. Nur ein sehr niedriger Wasserstand erlaubt es, die gesamte Steinsetzung aus im Durchschnitt 2,3 Meter hohen Menhiren – der höchste misst 5,3 Meter – zu überblicken. Allerdings ist ein Besuch Er Lannics wegen seines Status als Vogelschutzgebiet von April bis September verboten.

Die ursprüngliche Gestalt der beiden U-förmigen Steinkreise ist unbekannt. Es wurden viele Tausende von Artefakten – Silexsplitter, Steinhämmer, Streitäxte, Keramikreste, Knochenfragmente – aus dem Inneren der Steinringe geborgen, jedoch noch kein Metallgegenstand. Daraus schließen die Archäologen, dass die Cromlechs – so nennt man eine solche Anordnung von Menhiren zu einem Kreis – etwa 3000 vor unserer Zeitrechnung oder noch früher errichtet wurden. Die einmalige Lage des Bauwerks auf einer fast ständig überfluteten Insel legt jedoch noch eine andere Überlegung nahe: Es ist höchst unwahrscheinlich, dass die unbekannten Erbauer ihre Anlage in voller Absicht in den Atlantik gestellt haben, sondern sie eher auf einer Anhöhe in einiger Entfernung von der Küste errichteten, wo der Komplex vor Sturmfluten geschützt war.

Vielleicht überragte der Cromlech den Meeresspiegel um wenigstens zehn Meter. Die Anlage ist heute überschwemmt, eine Folge der stetig ansteigenden Wasseroberfläche seit der letzten Eiszeit.

Damals, um 15 000 vor unserer Zeitrechnung, stand das Meer wenigstens zehn Meter tiefer als heute. Den seither erfolgten Anstieg haben Wissenschaftler untersucht, so dass für die französische Atlantikküste eine ausführliche Dokumentation vorliegt.

Ihr zufolge ergibt sich ein wellenförmig sich wiederholender Anstieg während der letzten 8000 Jahre. Ein Meeresniveau von neun Metern unter dem heutigen wurde das letzte Mal ungefähr 4500 vor unserer Zeitrechnung erreicht. 500 Jahre zuvor aber stand es fünf Meter höher, das heißt nur vier Meter tiefer als heute. Man muss nochmals 400 Jahre zurückgehen, um erneut auf ein Niveau von zehn Metern unter dem derzeitigen zu treffen.

Nach der Radiokarbonanalyse stammt aber der Dolmen von Gavrinis aus dem Jahr 4500 vor unserer Zeitrechnung. Damit ist das Mindestalter der Steinkreise von Er Lannic zwar nicht bewiesen, aber wesentlich wahrscheinlicher geworden.

Der erste Steinhalbkreis besteht noch aus 49 Menhiren. Man erkennt deutlich, wo die restlichen einst gestanden haben müssen. Offensichtlich fehlen 10 Menhire, womit der Cromlech ursprünglich 59 aufgerichtete Steine unterschiedlicher Größe gezählt hätte. Diese Zahl erinnert mich an den griechischen Astronomen Meton, der herausfand, dass alle 19 Jahre der Vollmond auf dieselben Daten des Sonnenkalenders fällt und auch die Mondfinsternisse eben diesem Zyklus folgen. Ein Mondmonat hat dieser Zeitrechnung nach 29,53 Tage. Zwei Mondmonate ergeben also die runde Summe von 59 Tagen – eine Zahl die bereits der Astronom G. S. Hawkins im Zusammenhang von Untersuchungen in Stonehenge errechnete. Somit stellt der Cromlech von Er Lannic zumindest einen steinernen Kalender dar, nebenbei gesagt: Der Durchmesser des größten auf der Erde bekannten Cromlechs – jenes von Avebury – beträgt genau 365 Meter, aber das ist doch wohl eher ein Zufall, oder?

Versuch einer Deutung

Gavrinis, Er Lannic, Locmariaquer und etwas weiter westlich Carnac sind die bedeutendsten prähistorischen Fundstätten im Gebiet des Golfs von Morbihan. Ohne Frage befand sich hier einst das Zentrum eines unbekannten vorkeltischen Volkes. Niemand weiß, welchen Namen es sich selbst gegeben und warum es Menhire, Dolmen, Cromlechs errichtet hat. Sprachforscher vermuten, die Silbe „lech“ könnte der unbekannten Sprache dieses geheimnisvollen Volkes entstammen.

Einige Archäologen behaupten, dass die Steingräber Kollektivbestattungsplätze für eine ganze Gemeinschaft gewesen seien – was aber nicht ausschließen muss, dass die Dolmen zusätzlich noch anderen Zwecken gedient haben.

Die Erbauer der Dolmen und Cromlechs lebten in deren unmittelbarer Nähe. Leider erwiesen sich ihre Unterkünfte als nicht so beständig wie ihre wissenschaftlichen Heiligtümer. Allerdings ist aufgrund von Ausgrabungen an anderen Stellen in Europa ziemlich bekannt, wie diese Menschen gewohnt haben: Gebaut wurde mit Holz, bevorzugt mit jenem der Eiche. Die Beile zum Fällen solcher Bäume fertigten sie aus langen Eschenschäften und geschliffenen Klingen aus hartem Felsgestein, etwa dem Antinolith vom fernen Balkan, an.

Die Häuser wurden nach einem in ganz Mitteleuropa verbreiteten Grundrissschema errichtet: Fünf von Norden nach Süden ausgerichtete Längspfostenreihen aus Eichenholz trugen eine Dachkonstruktion, die wohl mit Stroh oder Schilf gedeckt gewesen waren. Die Außenwandhöhe reichte von etwa anderthalb bis zwei Meter. Die Firsthöhe betrug fünf Meter. Die Wände bestanden aus einem lehmverputzten Rutengeflecht. Die Bauten hatten drei Räume, von denen je einer zum Wohnen und Schlafen beziehungsweise Wohnen und Arbeiten und der letzte als Speicher benutzt wurde.

Was mich persönlich immer wieder in Erstaunen versetzt, ist die Tatsache, dass Dolmen und Menhire bis nach China und Korea, ja sogar bis Japan verbreitet sind. Was also hat ein Dolmen in Japan mit dem Ganggrab in Gavrinis gemein?

Menhir/Dolmen in der Nähe von Brignogan, Nord-Finistère

Die Entfernung zwischen der Bretagne und dem Land im fernen Osten muss im fünften vorchristlichen Jahrtausend doch schier unüberwindlich gewesen sein! Wer also hat die Megalithkultur von einem Ende der Welt bis an das andere getragen – und vor allem, wie? Wie konnte eine diesbezügliche Logistik erstellt werden?

Und weil Menhire und Dolmen religiös-kultischen Zwecken gedient haben müssen, stellt sich noch eine weitere Frage: Wie war es möglich, dass die „ganze" Welt einem einzigen Glauben hätte anhängen können?

Meiner Überzeugung nach haben die Menschen von Er Lannic und von Locmariaquer die Unsterbliche, die Unveränderbare angebetet: die Große Mutter. Und stimmt man den Thesen Moundfords zu, taten es jene in Australien ihnen offensichtlich gleich. West und Ost vereint in einer einzigen Religion der Großen Mutter – unvorstellbar, aber wahr! Und während ich am Fuß des Tumulus von Gavrinis hocke, stelle ich mir vor, dass die unbekannten Menschen vergangener Zeiten es irgendwie sogar verstanden haben müssen, rund um den Globus miteinander zu kommunizieren. Anders war der Zusammenhalt der fast vier Jahrtausende währenden Megalithkultur eigentlich nicht zu gewährleisten.

Ich fasse es wirklich nicht: Nahezu 4000 Jahre vermochte die Megalithkultur zu überdauern, und dies in einer stetigen Entwicklung. Was hat diese Menschen zusammengehalten? Sie kannten weder Schrift noch Städte, geschweige denn Telefone, Infrastruktur und Fahrzeuge – wenn überhaupt, nur kleine, plumpe Schiffe.

Sie seien die Gebieter der westlichen Welt gewesen, schreibt der Historiker Jullian. Und Morbihan war ihr geistiges Zentrum in Europa. Wohin sind sie gegangen? Keine der uns bekannten Überlieferungen reicht so weit zurück. Als die Kelten, das „Volk aus dem Dunkel", nach Armorika kamen, war das Land im Grunde verwaist. Sie fanden

Menhire und Dolmen vor und integrierten diese in ihre religiöse Weltsicht. Die Druiden benutzten die Steine von Gavrinis, Er Lannic, Locmariaquer zu magischen Ritualen.

Ein ganzes Volk von Megalitherbauern ist verschwunden. Ein Volk, dessen geistige Herrschaft sich von einem Ende der Welt bis zum anderen erstreckte – was über einen vergleichbaren Zeitraum niemandem jemals wieder annähernd gelungen ist.

Die Druiden sollen durch die Menhire mit der Anderswelt Kontakt aufgenommen haben. Liegt vielleicht darin der Schlüssel? Die megalithischen Bauwerke stehen ausnahmslos an so genannten Orten der Kraft. Menhire wirken wie Akupunkturnadeln am Körper der Erde. Ihre Spitzen zeigen zu den Sternen.

Vermutlich haben die Druiden als letzte gewusst, wie die „senkrechten Rippen der Erdmutter" Diesseits und Anderswelt miteinander verbinden. Das südliche Gebiet des Morbihan mit seinen Megalithbauwerken – einstmals ein geistiges Zentrum der Welt – liegt mit seinen vielen Schätzen offen vor uns und wartet...

Eingänge in die Unterwelt

Öffnungen im Bauch der Erde wiesen der bretonischen Mythologie zufolge häufig den Weg zu tiefen Höhlen, in denen es neben den obligatorischen Schätzen besonders Prinzessinnen und Feen zu gewinnen gab, so „Mann" sich denn traute. Die bretonischen Märchen sind voll von solchen Feenhöhlen und Grotten mit verwunschenen Mädchen, die im tiefen Schlaf ihrer Erlösung durch einen Jüngling harren, den nichts in Furcht versetzen kann. So hausen an der Kanalküste zwischen Saint-Brieuc und Dinard Feen – im Volksmund „houles" genannt – in tiefen Höhlen, „die bis weit unter das Land vorgeschoben sind und bis unter die Dörfer reichen, von wo aus man die Hähne der Feen unter der Erde

krähen hören kann; eine dieser Höhlen soll bis nach Notre-Dame-de-Lamballe, also 40 Kilometer weit landeinwärts, gereicht haben." [15] Den Erzählungen zufolge gelangt der „Held" nach Passieren eines Tunnels in eine Welt, die der unseren völlig gleicht und einen Himmel, eine Sonne, einen Erdboden mit Bäumen, ja sogar herrliche Burgen und Schlösser am Ende langer Prachtalleen hat.

Aber zuerst einmal muss der Eingang zu diesem Reich, jener Gegenwelt gefunden werden. Der Weg dorthin ist schwierig, gefährlich, ja blutgetränkt. Bereits im Eingangsbereich lauern Ungeheuer, die bezwungen werden müssen. Aber auch seine eigenen Verzauberungen muss der Held besiegen, um zuletzt das Heiligtum selbst in Besitz nehmen zu können. Drei wichtige Schritte sind also zu vollziehen. Jeder von ihnen bringt gleichsam Annäherung an das Geheimnis von Leben und Tod...

Das Höllenmoor Yeun Elez

„Über der Landschaft lastet Einsamkeit, die nicht beglückt, und eine Melancholie, die noch stärker als anderswo dem bretonischen Urgrund zu entsteigen scheint." [16] Die Rede ist von einem Gebiet am Fuß des 384 Meter hohen Saint-Michel de Brasparts im Finistère, in das sich höchst selten Touristen verirren.

Straßen werden hier zu schlechten Wegen oder zu matschigen Pfaden. Die Vegetation blüht spärlicher als anderswo. Unregelmäßig durchziehen kleine Bachläufe voller Schlingpflanzen und Algengewächse das moorige Gelände. Wenn Nebel und tiefstehende dunkle Regenwolken diese Landschaft heimsuchen, kann man leicht nachempfinden, warum die alten Bretonen hier und nirgends anders den Eingang zur Hölle vermuteten. Legendenbildung hat bis weit in unser Jahrhundert hinein das ihrige zum unheimlichen Ruf von Yeun Elez beigetragen. Über die „Nachwäscherinnen" erzählt man sich seit Jahrhunderten viel Schauerliches. Sie gehen im Moor als unerlöste weibliche Seelen um und müssen unaufhörlich waschen, bis ihre Sünden getilgt sind. Eine Begegnung mit ihnen kann schrecklich enden. Aber da gibt es noch einen, der den Lebenden Übles will: den schwarzen Mann mit seinem Hund, ein böses Vorzeichen für Sturm und Entfesselung der höllischen Gewalten. Wenn der Wind über Yeun Elez hinwegfährt, dann ertönt das Klagen der ganzen Natur. Der eigentliche Eingang zur Unterwelt aber heißt Youdig und liegt im schwarzen Moorwasser verborgen: dort, wo das Wasser so schwarz ist, dass sich nicht einmal die helle Scheibe des Mondes darin spiegeln kann. Die alten Bretonen führten an diesem Ort Exorzismen durch, um sich vom Hass Verstorbener zu befreien. „Nur wenigen Priestern war früher einmal die Kraft gegeben, diese Geister dadurch zu bannen, dass sie ihnen die Stola um den Hals schlangen. Den so gebändigten Geist nähte man in die Haut eines schwarzen Hundes oder Wolfes und versenkte ihn im Wasser von Yeun Elez." [17] Yeun Elez – der Name selbst bedeutet gleichermaßen „Sumpf" und „Hölle". Wer seinem Geheimnis ein wenig auf die Spur kommen will, der suche die nahe Kirche von Brennilis auf. Dort wird er eine hölzerne Figurengruppe finden, die besondere Aufmerksamkeit verdient. Zu Füßen der Jungfrau Maria, die das Jesuskind auf dem Arm hält, liegt unter dem Halbmond eine feingliedrige Sirene – ein magisches Geschöpf des Meeres. Sie ist die Frau-Schlange und Muttergottheit

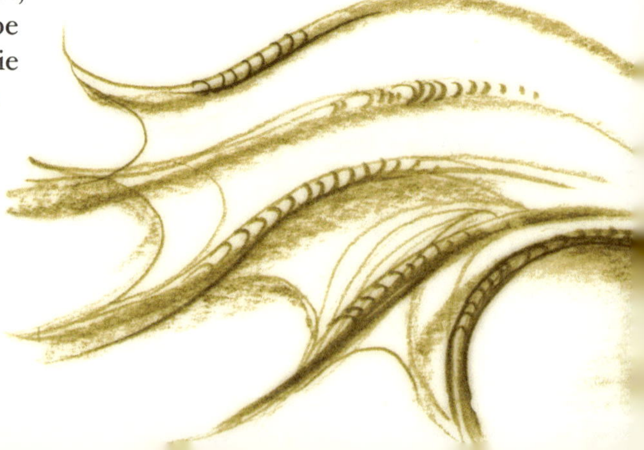

Morigain oder Morgana le Fay, die uns auch im Wald von Brocéliande begegnet, gleichfalls ein „Höllenschlund", wie sein Name in älterer Form lautet. Morigain, die alte keltische Göttin der Wasser, trägt einen Apfel in der linken Hand. Könnte es sich um einen Hinweis auf Avalon, das keltische Paradies, auch die Apfelinsel geheißen, handeln? In einer Nische findet man die altgallischen Worte: NT DAME DE BREAC-ELLIS, übersetzt so viel wie „Unsere Dame vom Höllenmoor". Interessanterweise ist die Hölle im Glauben der Bretonen nicht heiß, sondern kalt. Und über diese kalte Unterwelt gebietet Morigain. Der Weg zu ihr führt durch den „ekligen" Abgrund: den Sumpf, das Moor mit all seinen Gefahren. Nur der Mutigste schafft es und schließlich gelangt er zu Morigains Avalon, wo „ewiger Friede herrscht und der Reichtum der Blüten und Früchte unter dem Dach der Blätter niemals versiegt" [18]. Wie bemerkte schon der griechische Philosoph Parmenides: „Unter der Erde befindet sich ein Pfad, ein schauriger, hohler, morastiger. Dieser führt am besten zum lieblichen Haine der Aphrodite." [19] Im unheimlichen Moor von Yeun Elez werden uns diese Mythen eindrucksvoll neu vor Augen geführt.

Die Bucht der Verstorbenen und die Insel der Seligen

Legenden bleiben im Lande des Ankou nicht aus: Zwischen der Pointe du Raz und der Pointe du Van liegt die „Bucht der Verstorbenen" (Baie des Trépassés), in der alter Überlieferung zufolge zunächst die toten Druiden, später dann jedermann in „Booten" zur gegenüberliegenden Île de Sein gebracht worden sind. Diese Überlieferung hat sich bis in die moderne Zeit erhalten: „Wohin die Seelen unserer Toten gehen? Ins Paradies natürlich, wohin denn sonst? Nicht alle freilich, manche versinken auf dem Weg im Meer. Sie gehen unter und werden nie mehr gesehen. Man muss nämlich wissen, dass das Paradies eine Insel ist, so weit draußen im Westen, dass sie kein Schiff erreichen kann.

Deshalb legen wir auch unsere Sterbenden so hin, dass sie mit dem Gesicht zum Untergang liegen, so finden sie die Richtung leichter. Die Seelen verlassen den Körper nicht sogleich, nachdem sie gestorben sind. Sie warten zumeist die Nacht ab. Warum dies so ist, weiß ich nicht. Es muss eben so sein. Vielleicht wollen sie nicht, dass wir sie sehen.

Sie selbst aber können auch im Dunkeln sehen. Sie gehen und gehen, bis sie den Strand des Meeres erreicht haben. Was dann passiert, ist nicht bekannt. Es gibt welche, die behaupten, ein Engel warte mit einer Barke auf die Seelen, die dort eintreffen, und im Morgengrauen segle er ab. Es gibt Fischer, die behaupten, solchen Barken begegnet zu sein; nicht jeder könne sie sehen, aber manche, besonders wenn ein Verwandter von ihnen im Boot sitzt, das da aufs Meer im Westen zufährt.

Es gibt aber auch andere – und das sind nicht wenige –, die meinen, die Seelen könnten übers Meer wandern, weil sie kein Gewicht haben. Nur die Bösen vermöchten das nicht: die Last ihrer Untaten zöge sie in die Tiefe. Bei Sonnenaufgang erreichen die Seelen die Insel des Paradieses. Es ist eine herrliche Insel, immer grün und blühend, und es gibt sogar Bäume und Sträucher, deren Blätter aus Silber und Gold sind. Dort gibt es keinen Krieg, keinen Schmerz und keinen Streit, es ist wie ein großes Fest, das kein Ende nimmt. So erzählt man sich." [20]

„Ankou", der bretonische Ausdruck für „Tod", muss in Beziehung zu „trépas" gesetzt werden. „Trépas" bedeutet „Hinscheiden", aber im Sinne eines „Hinübergehens" von einer Sphäre zur anderen, was auf keltische Vorstellungen verweist.

Der Mythenforscher John Sharkey drückt es so aus: „Der Bereich, in dem verschiedene Welten einander treffen, wie beim Sterben, im Nebel zwischen Meer und Luft, im Zwielicht, in der Dämmerung, am Ufer, an der Furt, hatte für die Kelten besondere Bedeutung." [21] Insofern liegt der

Seefahrt, dem Schiff auf dem offenen Meer, ein geradezu metaphysisch-mythologischer Sinn inne – ermöglicht sie doch die Übergänge bei der Entdeckung „anderer" Regionen. Doch im Gegensatz zur christlichen Vorstellung des Jenseits als dem eigentlichen Bereich Gottes ist die keltische Anderswelt nicht eine Folge dualistischen Denkens: hier die böse Erde – dort der Himmel!

Vielmehr verkörpert sie die Kehrseite der bestehenden Welt – ohne dass sich da zwischen beiden ein Abgrund auftäte – in der Weise, dass sich beide „Welten" durchdringen, ja verschmelzen wie Vorder- und Hintergrund in einem Vexierbild.

Ab der einsamen Kapelle Saint-They aus dem 15. Jahrhundert erreicht man auf ausgetretenen Pfaden einen landschaftlichen Höhepunkt: die Pointe du Van. Von hier aus schweift der Blick die beeindruckende Steilküste entlang, über die tosende Brandung hinweg zur Bucht der Verstorbenen und zur

Küstenlandschaft bei Porspoder, West-Finistère

Pointe du Raz auf der anderen Seite. Leuchttürme, wie Krumen auf einem dunklen bewegten Teppich hingestreut, ziehen das Auge ebenso magisch an wie das weit in der Ferne liegende Inselchen Île de Sein.

Die durchschnittliche Höhe dieses fast kahlen Eilands beträgt anderthalb Meter, was erklärt, warum seine Bewohner vor Sturmfluten auf der Hut sein müssen. Im Jahr 1820 maß die Île de Sein noch drei Kilometer Länge und 900 Meter Breite; heute sind es nur zwei Kilometer beziehungsweise 800 Meter.

Der römische Autor Pomponius Mela hat in ihr die Insel Sena der Latiner gesehen, auf der neun jungfräuliche Priesterinnen Gottesdienste abhielten. Diesen Priesterinnen schrieb er die Macht zu, Winde und Gewitterstürme zu entfesseln und sich selbst in jedes beliebige Tier verwandeln zu können. Plutarch geht sogar noch einen Schritt weiter, indem er erklärt, dass Kronos in tiefem Schlaf auf jener Insel weilt. Kronos war ein Urgott des griechischen Pantheons, der von seinem Sohn Zeus entthront und kastriert wurde. Die Tatsache, dass Kronos schläft und auch Artus die Zeit bis zur Wiederkehr schlafend verbringt, weist darauf hin, dass Tod und Schlaf in einem mystischen Sinn äquivalent sind. Diese Vorstellung ist eindeutig keltischen Ursprungs und zeigt, dass die Druiden keine ultimative Grenze zwischen Leben und Tod ziehen wollten.

Der an anderer Stelle noch einmal von mir zitierte Schriftsteller Sandor Ferenczi kommt deshalb zu der Schlussfolgerung, "...dass es den Tod in absoluter Form möglicherweise überhaupt nicht gibt; vielleicht birgt selbst das Anorganische in unsichtbarer Form Keime des Lebens und der Regression.

In diesem Falle müssten wir definitiv davon abgehen, uns Fragen zu stellen über die Ursachen von Anfang und Ende des Lebens und müssten uns den gesamten Kosmos des Organischen und Anorganischen vorstellen als eine ununterbrochene Wechselwirkung zwischen Lebens- und Todestendenzen, als ein System also, in dem weder das Leben noch der Tod jeweils ausschließlich dominiert." [22] Dies wäre zugleich ein System ohne direkten Anfang und ohne direktes Ende, was merkwürdigerweise den jüngsten Überlegungen des genialen Astrophysikers Hawkings auf makrokosmischer Ebene nahe kommt, wenn er behauptet, dass das Universum möglicherweise weder einen Anfang noch ein Ende in der Zeit hat. Sollte dies alles den Kelten schon bewusst gewesen sein – auch ohne Radioastronomie und Quantenphysik?

Die Legenden um die Bucht der Verstorbenen und die Île de Sein scheinen dies zu belegen. Denn das Inselchen war nicht der Endpunkt der Totenreise. Von ihm ging es weiter zu einer Insel, die im äußersten Westen des Ozeans lag: Avalon, auch die Apfelinsel genannt.

Dort herrscht Morgana, die „schöner anzusehen ist als die allerschönste auf Erden", über ein Reich des ewigen Friedens. Eine Insel ganz im Westen? Das erinnert an eine ganz andere Legende: Atlantis. Wenn es Atlantis wirklich gegeben hat, dann als eine reale Insel in der Zeit. Sollten die Kelten in ihren Jenseitsvorstellungen lediglich eine jahrtausendalte Tradition über eine tatsächlich vorhandene Insel gepflegt haben? Oder ist das Geheimnis wesentlich komplexer: dass nämlich mit dem Symbol Avalon-Atlantis eine Entschleierung um das Geheimnis von Leben und Tod einherging? Eine Entschleierung, die für uns Heutige, die wir an der Bucht der Verstorbenen stehen und wehmütig übers Meer nach Westen blicken, im Nebel der Zeiten vielleicht für immer verloren gegangen ist.

Die Hölle von Plogoff

Geographen wollen errechnet haben, dass man 2400 Kilometer zurücklegen müsste, um alle Buchten, Fjorde, Landzungen und Golfe der Bretagne genau zu umfahren. Einer der interessantesten Felsschlunde am Meer ist sicherlich der „Enfer de Plogoff": die „Hölle von Plogoff". Vom Weiler Plogoff an der Straße zur Pointe du Raz führt ein holpriger Weg hinunter zur Küste.

Von hier aus schlängelt sich ein kaum zwei Fußbreit messender atemberaubender Pfad hoch über dem Meer an den Klippen vorbei. Die im Gezeitenwechsel von heftiger Strömung bewegte See schäumt und bricht sich aufgischtend an den vorgelagerten Felsen. Je nach Färbung des Himmels ist das Meer dunkelgrau oder tiefschwarz. Bei Sturm dröhnt das Gebrüll des Ozeans, der gegen die steilen Wände der Felsschlucht ohne Unterlass anprallt und wieder zurückflutet, bis zum knapp fünf Kilometer entfernten Dorf Plogoff herüber.

Es begleitet mich auf meiner Wanderung an der Küste, und je mehr ich mich der „Hölle" nähere, desto lauter wird das Getöse. Endlich habe ich oberhalb des gewaltigen Schauspiels meinen Platz eingenommen und bin beeindruckt von der Kraft des Atlantiks, dessen Wasserberge gegen die weit ins Meer hinausreichende Landzunge rollen.

Für die Kelten war die „Hölle" von Plogoff zugleich Eingang in die Unterwelt – in eine Anderswelt, die im Gegensatz zur christlichen Hölle zwar kalt, aber dabei nicht unangenehm ist. Wer an den Klippen von Plogoff hockt und hinab in den weit aufgerissenen Rachen des schäumenden Höllenschlundes blickt, möge versuchen, im Schrecken der wirbelnden Wasserstrudel in der Tiefe eine Pforte zu erkennen, jenseits derer das wahre Glück liegt.

Der Verstand des modernen Menschen weigert sich verbissen, dies so anzunehmen. „Wasser, das sich in einen

Pointe de Landunvez,
West-Finistère

Schlund ergießt, ist immer furchtbar", schreibt Victor Hugo. Das Bewusstsein unserer Urahnen scheint offensichtlich ein total anderes gewesen zu sein, macht uns Heutigen vielleicht sogar Angst. Eine Ahnung von dieser Verschmelzung mit dem Unendlichen haben neben den Mystikern vielleicht nur noch die Dichter der Romantik wie Karoline von Günderode gehabt: „Erlöst war ich von den engen Schranken meines Wesens, und kein einzelner Tropfen mehr, ich war allem wiedergegeben, und alles gehörte mir an, ich dachte, und fühlte, wogte im Meer, glänzte in der Sonne, kreiste mit den Sternen; ich fühlte mich in allem, und genoß alles in mir." [23]

Leibesöffnungen der Erdmutter und die Macht der Druiden

„Alles andre mag gehen und verwehen / Alles stirbt, alles stirbt gern; / Nur die ewige Mutter bleibt, / Von der wir kamen. / Ihr spielender Finger schreibt / In die flüchtige Luft unsere Namen" [24], heißt es in einem Gedicht in der Klingsorerzählung von Hermann Hesse. Die Flüchtigkeit des Lebens dürfte auch ein Thema der keltischen Druiden gewesen sein. Leben war ihnen ein Gut, das umgeschöpft werden musste, sobald der irdisch-jenseitige Haushalt in Unordnung geriet. Auf das kultische Gefäß dazu werde ich noch zu sprechen kommen.

Zunächst fasse ich einmal kurz zusammen und ergänze, was über diese Druiden eigentlich bekannt geworden ist. Ihr Name „Eichenkundige" deutet zunächst einmal an, dass sie sich mit Kräutern und Pflanzen auskannten, um damit Krankheiten aller Art zu heilen. In der Tat wird berichtet, dass weißgekleidete, bärtige Druiden auf Eichen gestiegen seien, um mit einer goldenen Sichel Mistelzweige abzuschneiden.

Neben der Mistel hätten die Druiden noch zwei wichtige Pflanzen „benutzt", die der römische Schriftsteller Plinius d.Ä. als „Selago" und „Samolus" bezeichnet. Auch von einem magischen Ei „Anguinum" in der Größe eines

Apfels schreibt Plinius. Jeder Druide habe es immer bei sich geführt und dadurch Macht über andere erhalten. Doch leider werden wir wohl niemals erfahren, was es mit diesem „Ei" auf sich hatte.

Alles in allem erweckt der römische Autor den Eindruck, als seien die Druiden Naturphilosophen gewesen, profunde Kenner pflanzlicher, aber auch tierischer Heil- und Giftstoffe. Die Welt der Kelten war nicht in Staaten gegliedert, ließ sich mit römischer Lebens- und Denkungsart überhaupt nicht vergleichen. Vielleicht war dieses gänzlich Andere den Römern derart unheimlich, dass sie einen regelrechten Keltenhass entwickelten.

Alle Kultstätten dieses Volkes wurden dem Erdboden gleichgemacht. Wie schon in Gallien, so gingen die Römer auch hier von ihrem Prinzip ab, fremde Religionen zu dulden. Und das erhöhte den Verdacht, dass ihnen die Lehren der keltischen Weißbärte, der Druiden, nicht geheuer gewesen sind. Leider wird uns niemand mehr ganz genau sagen können, warum das so war. Ein wenig allerdings können wir aus den bisherigen Funden von Artefakten und jenen spärlichen Überlieferungen, die uns heute bekannt sind, interpretieren und spekulieren. Höhlen waren den Kelten heilig, ebenso Quellen oder Seen.

In der Nähe des Sporthafens von Morgat hat die Natur Ufergrotten entstehen lassen. Ausgrabungen ergaben, dass die Druiden diese Höhlen als „Leibesöffnungen der Erdmutter" verehrten und dort magisch-religiöse Rituale zelebrierten. Wie die im Einzelnen ausgesehen haben, darüber lassen sich im Nachhinein nur Vermutungen anstellen. Denn die Essenz keltischer Geheimlehren war in Versen verschlüsselt, die nur mündlich weitergegeben wurden.

Cäsar berichtet, dass die Druiden, obwohl des Schreibens kundig, es für „Sünde hielten, schriftlich niederzulegen, was sie wussten". Aber wir erfahren durch den berühmten Römer auch, dass der gesamte Inhalt druidischen Wissens erst ab dem zwanzigsten Lebensjahr auswendig gelernt werden durfte.

Die Repräsentanten des keltischen Volkes waren also eindeutig seine Priester. Sie kannten 374 Götter, von denen Dispater Götter- und Stammvater in einem war. Jedoch scheint der keltische Götterhimmel anfangs weiblich dominiert gewesen zu sein und erst im Laufe der Zeit vermochte sich, wie in vielen Religionen, das Patriarchat durchzusetzen. Ob es allerdings jemals Druidinnen gegeben hat, entzieht sich allgemeiner Kenntnis.

Die Druiden lehrten die Wiedergeburt und hielten den Tod für ein geringeres Übel. Wie Schamanen drangen sie sozusagen als Späher in die Anderswelt jenseits des Grabes vor, um dann nach ihrer Rückkehr ihre Mitmenschen zu lehren, das Leben lediglich als eine Durchreise zu betrachten und den Tod als eine kurze Pause. Dass sie damit Erfolg hatten, beweisen die zahlreichen Berichte entsetzter römischer Schriftsteller, die immer wieder darauf hinwiesen, mit welcher Kampfeswut sich die Kelten nackt in die Schlacht stürzten. Angeblich kochten ihre Leiber dabei, was fast wörtlich zu nehmen ist.

Körperliche Hitze aber wird in vielen Religionen als Zeichen sakraler Macht und einer unbändigen geistigen Freiheit gewertet. Auch den indischen Yogis sagt man nach, dass sie in der Meditation „heiß wie Feuer" werden können. Keltische Druiden verstanden sich also auf magische Rituale, die sie vielleicht auch bei ihren Zusammenkünften in den Höhlen von Morgat anwandten. Ein wichtiger Termin war in dieser Hinsicht „Lugnasad" (1. August): der Tag, an dem sich nämlich der Gott Lug mit der Erdgöttin vermählte.

Dabei dürfte bei der Anbetung der Erdmutter in den Höhlen von Morgat ein kultischer Gegenstand sicherlich eine sehr große Rolle gespielt haben: der „Kessel der Fülle". Ein solches Kultgefäß könnte durchaus der berühmte keltische Kessel von Gundestrup gewesen sein, der aus dem 1. Jahrhundert nach Christi Geburt stammt. Der aus vergoldetem Silber angefertigte und mit reichlichen Treibarbeiten verzierte „Kessel" ist im Nationalmuseum von Kopenhagen ausgestellt. Nach wie vor geben seine Darstellungen Rätsel auf. So sieht man unter anderem eine Reihe von Kriegern einem Kessel zustreben – weil sie von links kommen, offenbar ein Zug von Toten –, um sich darin kopfüber vom Herrn des Kessels opfern zu lassen.

In einer zweiten Reihe über der ersten sind Krieger dargestellt, die dem Kessel entsteigen und „wiedergeboren" nach rechts – der Seite des Lebens – davonreiten.

Der „Kessel der Fülle", bei den irischen Kelten war es der Gott Dagda, der ihn hütete, verkörpert ein Opfergefäß, in dem menschliche Existenz sich verwandeln kann, ein Dasein gegen ein anderes ausgetauscht wird. Jean Markale zitiert eine Textpassage aus dem „Mabinogion", der diese Deutung stützt: „Ich werde dir einen Kessel schenken", sagt Bran, „der folgende Eigenschaften hat: Wenn man dir heute einen deiner Männer tötet, so wirf ihn getrost in den Kessel, und morgen wird er wieder so gut gehen wie zuvor, nur dass er nicht mehr sprechen kann." [25] Dass ein vormals Toter, der aus dem Jenseits zurückkehrt, nicht sprechen kann, ist ein verbreitetes Motiv.

Die Wiedererweckung in der Anderswelt hat also die Stummheit zur Folge, was wiederum symbolisch auf Gesetzmäßigkeiten hindeutet, die nicht aus unserer rationalen, durch Sprache geregelten Welt resultieren. Interessanterweise taucht dieser Leben spendende Kessel auch in der Gralsage bei Peredur, dem Vorgänger des Parzival, auf, wo gleichfalls eine Leiche zum Leben erweckt wird.

Allerdings ist es hier eine Frau, die den Toten in den Kessel wirft. Und somit sind wir wieder bei der Erdmutter. Ihre „Leibesöffnungen" bei Morgat sind der Schoß, in den wir alle zurückkehren.

Auch der „Kessel der Fülle" symbolisiert den weiblichen Uterus. „Das alte Wesen muss, bevor es wiedergeboren wird", schreibt Jean Markale in seinem Buch „Keltisches Bewusstsein", „einen ganz besonderen Tod erleiden. Es wird in verschiedene Gestalten und Aspekte zerlegt, um schließlich im Schoß seiner Frau – der Personifikation der Muttergöttin – wieder zu erstehen.

All das könnte darauf hinweisen, dass es in der Religion der Druiden einen Opfer-Kultus gab, der mit der Lehre von der Transsubstantiation verbunden war und dessen Ritual daher blutig sein musste – wenigstens im Mythos. So lassen sich nicht nur die Blutopferrituale erklären, die die antiken Schriftsteller den Galliern zuschreiben, sondern auch der blutige Aspekt des Grals." [26]

Die Grotten von Morgat sind übrigens auf dem Landwege nur für wagemutige Klettergeübte zu erreichen. Einfacher und sicherer lässt sich dies mit Bootsfahrten bewerkstelligen, die vom Hafen aus dorthin organisiert werden. Die größte der zahlreichen Grotten besitzt eine Gesamtlänge von über 80 Metern und ist gerade so breit, dass das Schiff hineinfahren kann.

Uralte Verstecke im Boden: ein Geschenk der Erde

Zum ersten Mal stieß ich in der Nähe von Josselin auf eine ovale unterirdische Kammer, nicht viel größer als drei Meter in der Breite. In ihrem Inneren bildeten sieben aufrecht stehende Steine einen Kreis. Die Kammer selbst lag gut fünf Meter unter der Erde und konnte nur durch einen schmalen Spalt betreten werden. Ein befreundeter Archäologe erzählte mir später, dass es von diesen unterirdischen Kammern ziemlich viele in der Bretagne gäbe. Sie stammten alle aus dem sechsten vorchristlichen Jahrhundert, der Eisenzeit, und würden Touristen in der Regel vorenthalten, weil sie zum einen unansehnlich und zum anderen schutzbedürftig seien. Auf meinen Wanderungen durch die Halbinsel „entdeckte" ich in den folgenden

Jahren noch häufig solche „Souterrainrefuges". Alle glichen mehr oder weniger Kellerhöhlen, doch erwiesen sich gerade diese „Verliese" als wahre Fundgruben. Keramikreste und andere Siedlungsspuren gaben Aufschluss über die eisenzeitliche Zivilisation vor Ankunft der Römer.

Mehr als 32 000 Bronzeartefakte, auch aus den „Souterrainrefuges", belegen deutlich, dass die Bewohner Armorikas einen schwungvollen Handel mit ganz West- und Mitteleuropa getrieben haben müssen. Lange Zeit blieb der Verwendungszweck der unterirdischen Höhlen ungeklärt: Handelte es sich tatsächlich nur um Kellerräume, über denen einst in Fachwerkweise erbaute Häuser gestanden hatten? Wurden sie als Gräber benutzt? Oder waren sie lediglich Verstecke, willkürlich irgendwo angelegt, um sie bei Gefahr aufzusuchen?

Die Mehrzahl der Archäologen hat sich schließlich auf die Theorie von ehemaligen Kellerräumen unter längst verschwundenen Häusern geeinigt. Dem interessantesten „Souterrainrefuges" begegnete ich in Hénon in der Nähe von Moncoutour, südlich von Saint-Brieuc. In den gängigen Reiseführern bleiben diese Zeugnisse vorkeltischer Zeit unerwähnt, weil sie abseits der obligatorischen Touristenattraktionen liegen und ihr Betreten zudem mit einigen Vorkehrungsmaßnahmen verbunden wäre (Taschenlampe, Seil, Kleidung, die schmutzig werden darf etc.). So ist es fast unmöglich, die „Kellerräume" auf eigene Faust ausfindig zu machen.

Auch ich habe den Hinweis auf jenes „Versteck im Boden" bei Hénon einem alten bretonischen Bauern zu verdanken, in dessen Feld sich das „cachette ou temple", wie er sich ausdrückte, verbirgt.

Zunächst einmal musste ich einen zweieinhalb Meter tiefen Schacht hinunterklettern und mich anschließend einen fünf Meter langen, sehr niedrigen Gang vorwärtstasten. Dieser mündete in einen größeren Raum, dessen Decke noch Spuren von Holzbohlen aufwies. Ich war sehr darüber erstaunt, von hier aus in drei weitere Räume gelangen zu können, die untereinander durch sehr enge Gänge miteinander verbunden waren.

Da während meines Einstiegs in die unterirdische Kammer ein heftiger Regenschauer eingesetzt hatte, blieb ich ziemlich lange in der Dunkelheit hocken, in der Hoffnung auf Wetterbesserung. Es war unglaublich still. Von den Kelten wusste ich, dass sie Opfergaben, darunter auch lebende Menschen, in Schächten oder Seen versenkt hatten. Konnte dies solch ein Ort gewesen sein?

Die Vorstellung ließ mich nicht gerade kalt und der Weg zurück ans Tageslicht, wenn auch grau und trist, schien verlockend. Aber dann zwang ich mich doch noch zur Ruhe. Um mich herum war es stockfinster, kühl und totenstill; ich befand mich in einer 2500 Jahre alten Kammer, und ich war allein. Einen vergleichbaren Ort gab es in unserer ganzen zivilisierten Welt nicht mehr. Zudem hielt ich mich unter der Erde auf – nein: in den Eingeweiden der Erde! Dort, wohin alles und jeder zurück muss. Ich atmete tief ein, roch die gestampfte Erde, das uralte Holz, den Stein... Und plötzlich passierte etwas ganz Erstaunliches: Ich akzeptierte, ließ mich los und lächelte. Ich legte mich lang hin, reckte mich und fühlte mich im „Schoß" von Mutter Erde geborgen. Ich weiß nicht mehr, wie lange ich dort unten so gelegen habe. Als ich später wieder ans Tageslicht hinauskletterte, hatten die Bäume und Pflanzen, die Steine, der Himmel, die Dinge noch eine zusätzliche Farbe bekommen. Ich vermochte es nicht zu erklären, aber jetzt erst wusste ich, dass, was meine Weltsicht betraf, etwas ganz Entscheidendes gefehlt hatte.

Krypta und Druidenbrunnen

Das Dorf Lanmeur liegt zwanzig Autominuten von Morlaix entfernt, über die D 786 Richtung Nordosten.

Wer durch den kleinen Ort schlendert, wird ihn wohl eher langweilig finden. Und doch hat er etwas Einmaliges zu bieten: eine Krypta aus dem sechsten nachchristlichen Jahrhundert, die erst vor einigen Jahren renoviert wurde und seitdem der Öffentlichkeit wieder zugänglich ist. Hinter einem Seitenaltar in der (modernen) Kirche führen Stufen in die Tiefe. Die Krypta ist dem heiligen Mélar geweiht und besitzt eine Gesamtlänge von fast neun und eine Breite von etwas mehr als fünf Metern. Sie ist unterteilt in drei kleine Längsschiffe, die durch zwei Reihen von je vier zylindrischen monolithischen Pfeilern voneinander getrennt sind.

Die zwei dicksten Pfeiler mit fast 60 Zentimeter Durchmesser weisen in ihrem unteren Teil eigentümliche Verzierungen auf: Manche Autoren glauben, in ihnen ineinander verflochtene Schlangen und damit ein hinduistisches Symbol zu erkennen. Andere identifizieren die Ornamentik als mehr oder weniger gebogene pflanzliche Stiele beziehungsweise Äste mit Andeutungen von Blättern oder Früchten an ihren Enden. Ich selbst neige zur ersten Deutung. Die Schlangen versinnbildlichen den kosmischen Kreislauf der Kräfte und damit aller Erscheinungen. Die „unchristliche" Auslegung des Schlangensymbols in der Krypta eines katholischen Heiligen stimmt mich geradezu heiter. Mélar selbst wurde in jungen Jahren im Schlaf enthauptet. Sein erstmals in der Krypta aufgestellter Sarkophag gilt seit dem 17. Jahrhundert als verschollen. Es gibt noch eine zweite Merkwürdigkeit in dem unterirdischen Raum: einen Druidenbrunnen.

Jedenfalls wird der halbkreisförmige kleine Brunnen in der Nähe des Eingangs seit Jahrhunderten so bezeichnet. Seltsamerweise erscheint sein klares Wasser nur für einen Augenblick – ohne dass man wüsste, woher es kommt und wohin es abfließt. Auch er ist Gegenstand der Verehrung, denn der ganze Ort ist heiliges Terrain.

ZAUBERWÄLDER

Der Wald von Paimpont oder besser von Brocéliande ist geheimnisumwittert. Schon Herkunft und Bedeutung seines Namens belegen die tiefe Verwurzelung im Reich der Magie und der Mythen. Der berühmte Artuswald wird in alten Texten „Brechéliant" – entstanden aus Breach-Elliant – genannt. „Elliant" oder „elez", das im Namen von Yeun Elez, dem moorigen Tiefland in den Monts d'Arée und von jeher als Eingang zur Unterwelt angesehen, enthalten ist, geht auf eine alte indogermanische Wurzel zurück, aus der auch das englische „hell" oder das deutsche „Hölle" abstammt. Andererseits bezeichnet das gälische Wort ebenfalls das „Reich der Feen", was zusammen mit der ersten Bedeutung ein unheimliches und beunruhigendes Gefühl auslöst. Dolmen, Menhire, Gräber, geschaffen von Menschen, von denen nichts weiter überliefert ist als ihre baumeisterliche Genialität, die niemals etwas schriftlich fixiert hatten und trotzdem über eine Logistik verfügten, die bei ihren modernen Nachfahren nach wie vor Erstaunen hervorruft, finden sich zahlreich in Brocéliande. Nach dem südbretonischen Carnac wurde der Wald von der Archäologie als das zweite große megalithische Gebiet der Bretagne eingeordnet. Und so muten die wie von Riesenhänden errichteten Steinkreise und Einzelmenhire in der von keiner Forstverwaltung beeinträchtigten Waldlandschaft äußerst geheimnisvoll an. Man hat Wege angelegt, einige Bäume für Straßen gefällt, aber zu keiner Zeit in das natürliche Wachstum von Brocéliande eingegriffen. Sicherlich erstreckte sich der Wald vor Jahrhunderten noch viel weiter über das Land und muss in den Tagen von König Artus und den Rittern der Tafelrunde auf die Menschen wie ein fast undurchsichtiger Dschungel gewirkt haben, in dem ganz sicher Feen und andere seltsame Wesen beheimatet waren. Und obwohl diese Zeiten längst vorbei sind, hat sich die landläufige Vorstellung bezüglich Brocéliande nicht wesentlich verändert. Brocéliande oder Forêt de Paimpont, wie das 7000 Hektar große Waldstück heute heißt, liegt etwa 40 Kilometer westlich von Rennes entfernt. Ausgangspunkt von Wanderungen zu den sagenhaften Plätzen wie dem „Tal ohne Rückkehr", „Merlins Grab", der „Quelle von Barenton" – auch „Verrückter Gedanke" geheißen –, "Vivianes Gasthaus", dem „Grab der Riesen" oder der „Kapelle von Tréhorenteuc" mit ihren Gralsbildern ist die kleine, ruhige Ortschaft Paimpont am Rande eines von Bäumen gesäumten Teichs. Brocéliande ist hier allgegenwärtig und berührt die Menschen auf seine eigene Art. Henriette Sourgen schreibt in ihrer „Table Ronde": „Ich habe noch nie eine Fee gesehen und nie einen Zauberer. Aber ich kenne die Feenquelle im

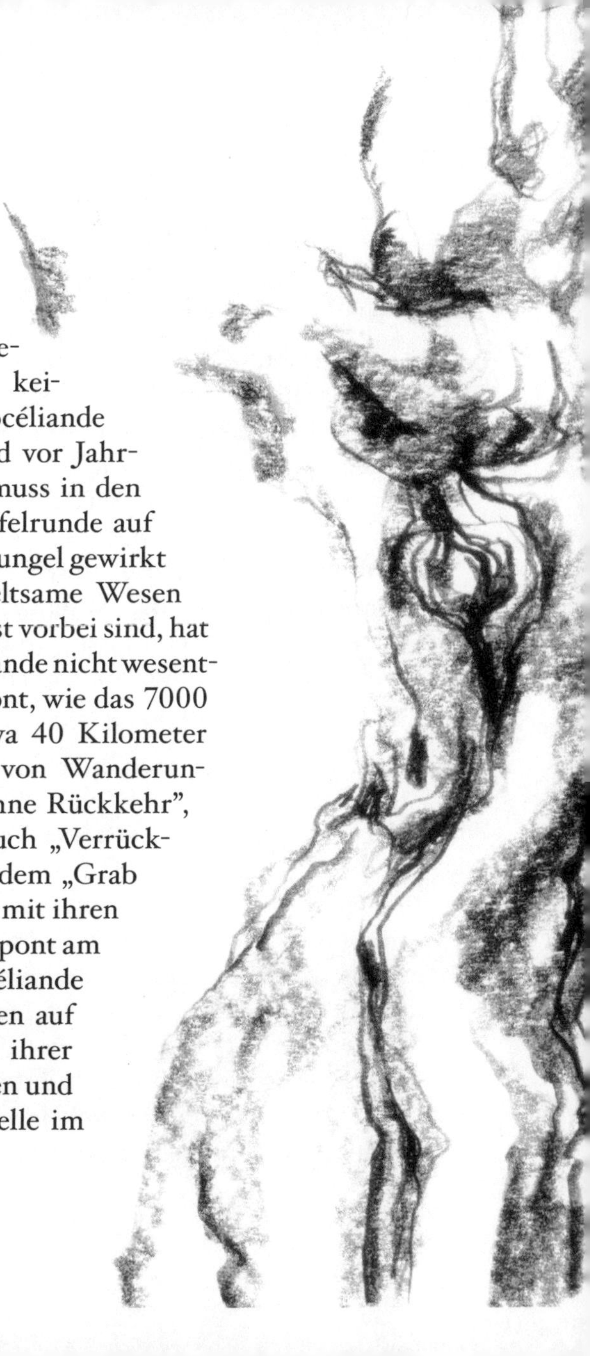

Wald von Brocéliande, wo Merlin, der Zauberer, und Viviane, die Fee, eines Tages verschwunden sind...

Vielleicht, wenn ich einen klaren Blick gehabt und auch besser zugehört hätte, vielleicht hätte ich sie dann erkennen können, im Nebel, der über der Heide schwebt... Vielleicht hätte ich ihre Stimmen von den anderen Stimmen des Waldes unterscheiden können und auch das Windessäuseln um die Quelle vernommen... Denn hier spielt die Geschichte von Merlin und Viviane.

Alles ereignete sich hier im Wald vor Brocéliande, zur Zeit, als Artus über die Bretagne herrschte. Vor hundert und aberhundert Jahren. Damals, zu den alten Zeiten, war der Wald so voll Geheimnis und so wunderschön... Unter den verschlungenen Armen der Bäume, unter dem Haar der Eichen, gab es hin und wieder das Gehege von Birken, so durchsichtig und licht wie das Silber des Nebels ..." [27] So licht wie das Silber des Nebels! Nichts ist von alledem verloren gegangen für den, der den Genius Loci aufsucht und sich umfangen lässt, nachdem er dem Meister aller Magie in seinem Königreich Brocéliande begegnen durfte...

Merlin: Meister aller Zauberer

Einst lebte ein Mädchen von so großer Schönheit, dass die Freier aus vielen Ländern in Scharen um ihre Hand anhielten; sie aber gebot ihren Eltern, sie nicht zu verheiraten: Sie sei entschlossen, niemals einen Mann anzusehen, denn ihr Herz könne ihn weder ertragen noch erdulden. Eines Nachts jedoch besuchte der Teufel das schöne Mädchen in seinem Bett und begann um sie mit den Worten zu werben, dass er ein Mann sei, der sich und seinen Eltern gelobt habe, die Frau, mit der er schliefe, niemals sehen zu dürfen. Das gefiel der Schönen, und weil sie seinen Körper als wohlgestaltet ertastete, ließ sie sich mit dem Fremden ein und wurde von ihm schwanger. Sie gebar einen Sohn, der den Namen Merlin erhielt. Als dieser erwachsen war, stellte er der

Dame vom See nach, die so hieß, weil sie zum Grund des Sees, wo ihr Himmelbett in einem Palast stand, jederzeit zurückzukehren vermochte, indem sie mit geschlossenen Füßen ins Wasser sprang. Merlin aber bedrängte sie, weil er glaubte, dass sie ihm von Anbeginn der Zeit vorbestimmt sei.

Sie aber zeigte sich spröde und erduldete erst, nachdem er ihr versprochen hatte, Liebe gegen seine Künste und Zaubersprüche auszutauschen, seine Küsse und leidenschaftlichen Umarmungen. Als er ihr jedoch seinen letzten Zauberspruch beigebracht hatte, wie eine Person in einen Raum einzuschließen sei, ohne dass irgend jemand diesen Raum zu betreten oder zu verlassen vermag, erkannte er zu spät, dass damit zugleich jegliche Macht der Magie von ihm gewichen war.

Die Dame vom See hingegen lachte, dass sich der Wind erschrocken wegdrehte und die Füchse blass wurden vor Scham, und Viviane machte von ihren Zauberkünsten unverzüglich Gebrauch. „Langsam hatte sich der Zauberer bei vollem Bewusstsein in das Grab begeben und sich da ausgestreckt, so wie es Leichen tun. Die Dame vom See hatte die schwere Grabplatte zufallen lassen, und als sie die Gruft für immer verschlossen sah, brach sie in Gelächter aus. So starb der Zauberer.

Da Merlin seinem Wesen nach jedoch unsterblich war und da sein Tod von den Zaubersprüchen der Dame vom See herbeigeführt worden war, blieb seine Seele in seinem Leichnam lebendig. Draußen auf dem Grabe saß die Dame vom See, die man Viviane oder Eviene nennt, und lachte, dass der tiefe dunkle Wald von ihrem Lachen widerhallte. Der Zauberer lag tot und verwesend in seiner Gruft, doch seine Seele blieb lebendig" [28] (Apollinaire).

Eine wahrhaft schillernde Erscheinung ist er, der Erzzauberer, den man mit dem Barden und Seher Myrddin in Verbindung bringt, dessen Name sich von „Moridunum" – „Meeresfestung" – herleitet. Wer aber war dieser Magier, dessen literarischer Figur Geoffrey on Monmouth in seiner „Vita Merlini" aus dem Jahr 1150 Leben einhauchte? Griff er dabei auf Tradiertes zurück, oder war Merlin lediglich seiner Phantasie entsprungen? Dies anzunehmen fällt nicht leicht, denn dafür ist die Gestalt des Magiers zu vielschichtig, berührt tiefenpsychologische Aspekte genauso wie uralte Mythen der Menschheit.

Doch hören wir, was Merlin über sich in der Gestalt des Talisien spricht: „Ich bin ein blauer Lachs gewesen, ich bin ein Hund, ein Rehbock auf dem Berg gewesen, ein Hirsch, ein Baumstrunk, ein Spaten, eine Axt in der Hand, ein Hengst, ein Stier, ein Bock... Ich war Regentropfen in der Luft, ich war das Wort aus Buchstaben, ich war ursprünglich ein Buch, ich war bei meinem Herrn im Himmel, als Luzifer in die Tiefe der Hölle fiel; ich kenne der Sterne Namen von Nord und Süd." [29]

In diesem Selbstzeugnis liegt der ganze Zauber der druidischen Naturmagie, die Merlins ambivalenten Charakter enthüllt: dämonisches Wesen – sein Vater war schließlich kein Geringerer als der Teufel persönlich – und weißer Magier. Sternenkundiger und Erbauer solch bedeutender Stätten wie Stonehenge soll er gewesen sein. Sogar die „Runde Tafel", um die König Artus seine Ritter versammelte, geht auf ihn zurück: die Runde Tafel, die Spiegelbild der Welt, der Seele und des Kosmos ist.

Wahre Bedeutung aber erlangt die vielschichtige Gestalt dieses Zauberers aller Zauberer nicht durch seine übernatürlich anmutenden Kunststückchen, wie den Transport der mächtigen Stonehenge-Quader per Gedankenkraft von der benachbarten Insel Irland nach England, sondern auch die Tatsache, dass er sich freiwillig von seiner Geliebten unter die Erde verbannen lässt.

Das stellt in der Tat den höchsten Liebesbeweis dar, dem die mittelalterliche Epik Ausdruck zu verleihen imstande war, bemerkte Hermann Hesse einmal. Merlin begibt sich in

die Domäne der Frau, der von alters her die Abgründe, die Höhlen und Spalten der Erde, ja die Reiche unter dem Wasser und der Erde zugesprochen werden. Somit stellt er sich bewusst gegen patriarchalisches Denken, das sich in zahlreichen Mythen und Überlieferungen ausdrückt und in denen die Frau als die entmannte, minderwertige Form von Adam angesehen wird. Die biblische Eva verkörpert solch eine Gestalt.

Nicht von ungefähr musste die „aufmüpfige" Lilith ihr weichen. Die Kelten hatten eine zweite Lilith, Blodeuwedd – das Blütenmädchen –, von der ja schon die Rede gewesen ist. Und somit macht der Urname des Zauberwalds bei Paimpont („Brückenkopf") plötzlich Sinn:

„Reich der Feen"! Spätestens jetzt müssten angesichts dieser Erkenntnis Unterwelt und Hölle von uns ebenfalls neu und positiv definiert werden. Die christliche Hölle ist eine Erfindung der Männer. Das bretonische Reich der Feen unter der Erde wird von Viviane dominiert, Merlins großer Liebe.

Um seine eigene Verzauberung durch diese schöne Frau zu verstehen, müssen wir uns tiefer in den Brocéliande-Wald begeben und die Stätten aufsuchen, wo der Eros seine Macht zeigte. „Wieder unter schwarzen Wimpern, mit betörenden Augen schaut mich Eros an und treibt mit tausend süßen Lockungen mich in Aphrodites unentrinnbares festes Netz", schrieb der griechische Dichter Ibykos vor 200 Jahren. Selbst Merlin ist diesem „Netz" nicht entkommen (er wollte es wohl auch nicht) und erlag der Liebe.

Das Schloss unter den Wellen: Nimue vom See

Viviane ist Nimue, die „Dame vom See". Merlin trifft sie am Hof von König Artus und verliebt sich heftig in sie. „Wo immer sie hinging, stets war der Zauberer dabei. Und immer trachtete Merlin danach, ihr die Jungfräulichkeit zu nehmen, doch sie war seiner schon überdrüssig und wäre ihn gern losgeworden, denn sie fürchtete sich vor ihm, weil er ein Teufelssohn war", heißt es bei Sir Thomas Malory im 15. Jahrhundert über das ungleiche Paar.

Die Überlieferung verbindet ihre Person mit dem Wasserschloss von Comper. Dass in Comper dereinst Feen gewohnt haben, glaubt man heute noch gern, wenn man an seinem verträumten Seerosenteich steht. Die glatte Oberfläche des ruhig daliegenden dunklen Wassers wird nur selten vom Wind gekräuselt. Wie ein Spiegel der Zeit wirkt der See auf den Betrachter. War es hier, wo Viviane am Grunde des Sees in ihrem Kristallpalast lebte? Die ganze Atmosphäre vermittelt den Eindruck, dass es so gewesen sein könnte. Schloss Comper, das im 14. und 18. Jahrhundert starke Zerstörungen hinnehmen musste, wirkt mit seinen Ringmauerresten, dem dicken Turm, einer Handvoll Gebäude und dem großen Ausfalltor zeitlos und anziehend.

So nimmt es nicht wunder, dass es heutzutage ein Zentrum für den Sagenkreis um Artus mit wechselnden Jahresausstellungen zu den Themen „Artus", „Merlin", „Morgana" beherbergt – organisiert und liebevoll betreut von Claudine Glot. Auf Anfrage fährt Madame Glot Interessenten auch durch den Wald von Brocéliande, den niemand besser kennt als sie.

Aber zurück zum See. Hier hat auch Lancelot-du-Lac seine Kindheit in der Obhut der Fee verbracht. Lanzelot vom See – der tapferste und beste Ritter der Tafelrunde; Lanzelot, die „Krone der Ritterschaft". Seinen Namen jedoch verdankt er allein dem Umstand, dass er zusammen mit Viviane in deren

Kristallpalast am Grunde des Sees gelebt hat. Dies ist wirklich bedeutend! Dass Viviane wie ihre „Schwester" Morgana le Fay mit dem Wasser assoziiert wird, kommt nicht von ungefähr und zeigt, wie unsäglich alt die Überlieferung dieser Gestalt ist, die wohl bis ins Neolithikum zurückreicht.

Viele Märchen aus dem keltischen Kulturraum handeln von Feen und Prinzessinnen, die unter den Wellen, in tiefen Höhlen oder am Grunde eines Sees leben. Alle diese geheimnisvollen Frauen verleiten ihre Liebhaber dazu, ihnen in die Tiefe zu folgen.

Das ist mit Gefahren für die Männer verbunden, weil das Angebot, „das Festmahl der Unsterblichkeit zu feiern", dem männlichen Selbstbewusstsein und der Angst zu „versinken" entgegensteht. Deshalb befreit sich Parzival noch rechtzeitig aus der „tödlichen" Umarmung und wird ob seiner Keuschheit von den Menschen gepriesen. Sandor Ferenczi hat in „Thalassa", seiner Studie über die Ursprünge der Sexualität, aufgezeigt, dass der Geschlechtsakt für den Mann zusätzlich zu einem Geburtsvorgang mit umgekehrten Vorzeichen auch die unbewusste Sehnsucht nach Rückkehr in das nasse Element bedeutet (regressus ad uterum).

Der Trieb des Helden, sich auf die Suche nach der Prinzessin auf dem Meeresgrund zu begeben, korrespondiert mit „dem Versuch, die eingebüßte Lebensform des Urzustandes in einem feuchten Kontinuum wiederherzustellen". [30] Solchermaßen lässt sich auch die in vielen Kulturbereichen auffallende Symbolik des Fisches erklären.

Man denke nur an die zahlreichen Geschichten über Sirenen, Fischfrauen, zu denen Männer sich hingezogen und dann wieder abgestoßen fühlen. Für die ersten Christen war der Fisch nicht nur ein Erkennungszeichen, sondern er bedeutete auch gleichzeitig die Rückkehr zum paradiesischen Leben vor dem Sündenfall. Und da Wasser als Lebensraum des Fisches und die Physis

des weiblichen Körpers manche Eigenschaften und Funktionen gemeinsam haben, wurde der Fisch schließlich zu einem Sinnbild des Weiblichen überhaupt. Dass aus Höhleneingängen und über Moorflächen mitunter Ausdünstungen aufsteigen, welche empfindliche Menschen in die Flucht schlagen, ist bekannt. Doch hat der Held erst einmal alle Hemmungen abgelegt und die Schwelle des Eingangs überschritten, dann erwarten ihn dahinter paradiesische Freuden. Auch solches kommt in den Märchen immer wieder zur Sprache. Lanzelot und Merlin haben diesen Weg beschritten. Wo sich Viviane aufhält, ist alles „eitel Ruhe, Pracht und Seligkeit". Aber das Allerheiligste muss erst einmal gefunden werden.

Jean Markale, der beste Kenner der keltischen Mythologien, sagt: „Natürlich wurde durch die patriarchalischen Strukturen der heidnisch-keltischen Gesellschaft und in der Folge durch die moralischen Imperative des Christentums auf abstoßende Elemente nur noch mehr Gewicht gelegt, indem durch die Wahl von Bildern, die eine wahre Flut von Assoziationen auslösen, die Phantasie des Publikums im erheblichen Maße beeinflusst wurde. Die Frau in der Tiefe ist gut bewacht. Die Verbote und Tabus sind für den gewöhnlichen Sterblichen unüberwindlich." [31]

Der See von Comper birgt noch immer ein Geheimnis. Und jeder, der an seinen Ufern steht, ist eingeladen, den Lockungen aus der Tiefe zu folgen. Viviane/Nimue wartet in ihrem Palast aus leuchtendem Kristall...

Die Quelle von Barenton

„Ich habe Morgana, die, gesehen und Viviane; ich habe mit der Hand etwas Wasser aus der Quelle geschöpft und, indem ich es in die Luft schleuderte, zogen sich dadurch über meinem Kopf die Wolken zusammen", [32] schrieb François-René de Chateaubriand nach einem Besuch der Merlin-Quelle im Wald von Brocéliande. Die Quelle war den Kelten heilig. Geisteskrankheiten soll sie heilen können. Sie ist ein „nemeton", sagten die Druiden: ein Ort, der den Göttern gehört. „Lichtung des Belenus, des gallischen Apoll" – so lautet deshalb ein weiterer Name für die verschwiegene Stelle, an der aus dem Boden klares Wasser hervorsprudelt, dessen Eigenschaften selbst Wissenschaftlern immer noch Rätsel aufgeben.

Wenige Pfade führen durch den dichten Wald zu Merlins einsamer Quelle. Neben ihr steht ein Findling, der „Merlins Perron" genannt wird. Dass die berühmte Quelle irgendwann in Stein gefasst wurde, stört kaum. Man lässt sich auf dem Findling nieder, sammelt sich geistig und schaut geduldig in das glasklare kalte Wasser. Nicht lange, und es steigen vom Kieselgrund zarte Bläschen an die Oberfläche. Eine erklärbare Naturerscheinung?

Mag sein, aber mit vulkanischen Aktivitäten hat sie nichts zu tun, auch wenn diese als geläufigste Begründung für das Phänomen herhalten müssen. Eher reagieren in der Tiefe Steinsalze mit der besonderen chemischen Zusammensetzung des Wassers. Aber das ist nur eine Vermutung. Magie?

Man probiere es aus, schöpfe Wasser in seine Hand – aber man sei auch gewarnt: Denn wer das Wasser aufwirbelt und damit den Perron des Zauberers benutzt, beschwört ein Unwetter herauf! So erging es einst Chateaubriand und Calogrenant, einem Ritter der Tafelrunde, der als Folge seiner Missetat kurz darauf in einem fürchterlichen Hagelsturm gegen einen schwarzen Ritter kämpfen musste und beiden nur mit knapper Not entkam. Barenton ist unauslöschlich und unveränderlich! Und wehe dem, der die Ruhe des Belnemeton stört!

Merlins Grab

„Ich glaube, ich habe das Grab von Merlin in der Nähe der Abtei von Talhoöt am Rande des Waldes von Brocéliande entdeckt", schreibt M. Poignand 1820 in einer Pariser Zeitung. Einige Jahrzehnte später fotografiert der Engländer Felix Bellamy die vermeintliche Grabstätte. Die Aufnahme zeigt ein megalithisches Ganggrab, bestehend aus mehreren aufrecht stehenden Steinen, deren Höhe zwischen einem und 1,60 Meter schwankt. In der Länge misst es etwa zehn Meter. Als Bellamy einige Monate später den Ort ein zweites Mal aufsucht, besteht das ehemalige Grab nur noch aus drei Steinen – so, wie es sich heute dem Betrachter darbietet.

Die restlichen hatte der damalige Besitzer des Geländes zum Hausbau benutzt, ein Schicksal, das den Megalithen immer schon beschieden war. Das Grab, das seit Anfang des 19. Jahrhunderts als jenes von Merlin angesehen wird, wurde zwischen dem zweiten und dritten vorchristlichen Jahrtausend von einem unbekannten Volk errichtet. Es dürfte sich dabei um jene Menschen handeln, die überall in Europa ihre megalithischen Monumente hinterlassen haben und möglicherweise identisch mit den irischen Tuatha de Danaan, dem „Volk der Göttin Dana" sind. Aber die Geschichte hat ein für allemal ihren Schleier über diese Menschen und ihre Mysterien ausgebreitet, uns Heutigen verbleiben lediglich Spekulationen.

„Le Tombeau de Merlin" ist ein Ort, wie er einem Zauberer gebührt. Zwei aufrecht aneinander gelehnte Schieferplatten und eine Stechpalme inmitten eines mit kleinen Steinbrocken ausgelegten Kreises weisen am Rand einer Waldlichtung die Richtung. Wie überall im Brocéliande-Wald herrscht auch hier tiefe Stille.

Menschen schmücken das legendäre Grab mit Blumen oder grünen Zweigen. Es verkörpert für die Eingeweihten einen Platz, von dem nach wie vor ein mächtiger Zauber ausgeht. Archäologen mögen einwenden, dass dieses Grab um vieles älter ist als Geoffreys „Vita Merlini", welche die Gestalt des Merlin im vierten nachchristlichen Jahrhundert ansiedelt. Doch Mythologen verweisen auf die Sagen und Geschichten um Viviane, Morgana, Merlin und hegen seit einiger Zeit die nicht unbegründete Vermutung, dass es so etwas wie einen „Urartus und seine Getreuen" vielleicht schon in der Bronzezeit gegeben haben könnte.

Die Geschichte von Merlin und von Viviane/Nimue veranschaulicht etwas ganz Erstaunliches. Der große Zauberer erliegt der Liebe und lässt sich freiwillig verzaubern. Er will in die Tiefe zu seiner Angebeteten.

Viviane/Nimue lebt außerhalb der Grenzen dieser Welt, symbolisiert durch ihren Palast auf dem Grunde des Sees. Das zeigt auch ihr Wunsch, Merlin der Gemeinschaft der Lebenden zu entrücken. Zu diesem Zweck schreitet sie neunmal um den Zauberer herum. Da er weiß, was sie vorhat, weil er selbst sie den Zauberspruch lehrte, wäre es ein Leichtes für ihn gewesen, den magischen Zirkel zu durchbrechen. Aber er lässt es zu. Nachdem Merlin in einen tiefen Schlaf versunken ist, setzt sich Nimue leise zu ihm nieder und legt den Kopf des Mannes in ihren Schoß.

Doch aus seinen Träumen heraus hört sie den Zauberer murmeln: „Bleibe bei mir, Nimue, bis es wieder Tag wird. Du hast eine lange Nacht auf mich gelegt." „Die Nacht wird viele hundert Jahre währen", antwortete die Dame vom See. „Hier sollst du schlafen, bis ich wiederkehre, um dich nach Avalon zu holen. Dort wollen wir gemeinsam in der Freude und Wonne der Seligen das Ende deiner Nacht abwarten."

Merlin lächelt zufrieden in seinem Schlaf außerhalb von Raum und Zeit und zugleich unterhalb des Steines. „Kein Sterblicher wird seinen Ort je finden", spricht Viviane/Nimue zu sich selbst. Zu ihrem Erstaunen dringt Musik aus dem Grab und sie erkennt, dass es die Harfen von Wesen sind, die bei Merlin Wache halten, weil sie ihn lieben. „Mögen sie spielen", sagte Viviane. „Kein Mensch kann sie vernehmen." Aber genau das ist die Frage. Neben dem Ruf des Kuckucks, dem Aufflattern der Vögel und dem Summen der Waldbienen dringt da zuweilen noch etwas anderes an das Ohr. Als käme es gleichsam von weit her. Empfängliche Naturen haben immer wieder behauptet, es sei Musik wie Klagen voller Sehnsucht, aber auch zum Ruhme...

Die versteinerten Geliebten im Tal ohne Wiederkehr

„Jäger, Jäger, sag mir! Hast du das wilde Mädchen mit schwarzem Haar im Wald gesehen, so gegen Mitternacht?

Ja, ich habe das wilde Mädchen mit dem schwarzen Haar gesehen. Sie schritt gemächlich zum Grund des Tales, und auf ihre Rufe hin antworteten ihr alle Krähen des Waldes.

Jäger, Jäger, sag mir! Als es Mitternacht war im Wald, wer war das Mädchen mit dem schwarzen Haar, das zum Grunde des Tales so leichtfüßig hinabstieg?

Das war Morgana, die Fee, die zum Grund ihres Tales hinabschritt, dem Tal ohne Wiederkehr. Sie rief ihre Getreuen zum Zauberspiel herbei, aber es antworteten ihr nur die Vögel der Nacht.

Jäger, Jäger, sag mir, warum zittert deine Stimme, wenn du von Morgana sprichst?

Ich zittere, denn Morganas Augen gleichen der Glut des Feuers. Wenn sie mich sähe, dann fräßen mich alle Feuer der Hölle, so wie sie einst die verirrten Ritter verbrannt haben, deren Seelen noch immer im Tal ohne Wiederkehr gefangen sind..." [33]

Der Sage nach hat hier die Fee Morgana ihre Geliebten in einem imaginären Paradies festgehalten, indem sie diese, für alle sichtbar, zu Stein erstarren ließ. Die verliebten Ritter von einst hatten geglaubt, das Liebesnest jederzeit aus freiem Willen wieder verlassen zu können. Doch da war die Göttin vor! Wer entkommt schon der Liebe – und wenn, um welchen Preis? Wie treffend war doch der Name des Tals, wenn es um Tod, Eros und Gewalt ging.

Und dass die legendäre Fee, die Schwester von König Artus, ausgerechnet Morgana, „Die aus dem Meer Geborene", heißt, was sie der griechischen Liebesgöttin Aphrodite, die ebenfalls dem Schaum des Meeres entstieg, gleichsetzt, zeigt, dass Liebesgöttinnen Himmel und Hölle zugleich sind.

Aphrodite hatte mit Vorliebe Ares, den hässlichen Gott des Krieges, aufgefordert, mit ihr das Lager zu teilen. Liebe und Gewalt waren schon im Denken der alten Griechen eine erotische Beziehung eingegangen. In dieser Hinsicht steht Morgana ihrer südländischen „Schwester" in nichts nach. „Val sans retour" - Tal ohne Wiederkehr: Brocéliande entfaltet hier seinen ganzen Zauber. Der Spaziergänger folgt vielleicht dem kleinen gewundenen Wasserlauf, der sich zwischen Schieferblöcken, Buschwerk, Bäumen und Sträuchern durch eine stille unwirkliche Landschaft schlängelt.

Ab und zu ertönt ein Vogelruf. Man entfernt sich vom Bach und steigt langsam eine kleine Anhöhe hinauf, von wo aus der Blick auf das dunkle Auge eines kleinen Sees fällt, an dessen Ufer sich schweigend und grün der Wald erhebt, der hier besonders dicht zu wachsen scheint.

Man hält Ausschau nach den versteinerten Männern und stößt als erstes auf den „Rocher des faux amants" – den „Felsen der falschen Liebhaber". Hier erhob sich Morganas von Flammen umloderte Burg, in der sie in 13 Jahren 353 untreue Ritter durch die Zauberkraft gefangen hielt. Denn Morgana oder Morigain war zugleich die keltisch-irische Muttergöttin, Schönheits- und Liebesgöttin, Göttin der Fruchtbarkeit, des Todes und der Wiedergeburt. Ihr Minnenreich durfte durch keine Falschheit beschmutzt werden. Aber da

dies so gut wie unmöglich ist, zeigt sie dem Liebenden schon bald ihr zweites, grausames Gesicht.

Die Todesseite der Göttin symbolisert ihr Wächtertier, ein Drache. Sie selbst verwandelt sich in die „schwarze, kreischende Hexe Ceridwen", die Artus in „Culhwh und Olwen" mit seinem Schwert Excalibur erschlägt.

In der Gestalt des Drachen verkörpert sich die Urangst des Menschen, aber auch die Hoffnung, das Entsetzliche zu besiegen. Doch dazu bedarf es neben Tapferkeit und Kampfesgeschick eines reinen Herzens. Nur Lanzelot erfüllt diese Bedingung. Morgana versucht ihn zu verführen, will die Nacht neben ihm verbringen, ohne den Ritter anzurühren. Morganas Schönheit ist sprichwörtlich. Jedoch das verfängt bei Lanzelot nicht, weil er seiner Ginevra, Artus' Gemahlin, in Liebe ergeben ist. Aber Morgana lässt nicht nach in ihren Verführungskünsten, denn ihr Verlangen nach starken, schönen Männern ist unstillbar. So weit das durch christliches Denken und Moral verzerrte Bild dieser Morgana le Fay. Wer durch

das Tal ohne Wiederkehr streift, wird Morgana unweigerlich suchen. Doch Vorsicht: Le Fay ist auch das Schicksal! Morganas Wesen ist ambivalent; das Schreckliche und das Schöne, das Todbringende und das Heilende sind ihr zu eigen.

Sie offenbart die rätselhafte Doppelnatur einer Göttin: Einerseits plant sie die Vernichtung von Artus, andererseits möchte sie ihn nach Avalon, der paradiesischen Apfelinsel, holen. Auch darin gleicht sie Viviane. Beide Frauen sind mit dem Wasser verbunden: „Inkarnationen ein und desselben Zauberreichs, verwehte Klänge aus frühzeitlicher weiblicher Mächtigkeit".

Sollten wir nicht wieder beginnen, diese Mythen für unser Leben gründlich neu zu überdenken? „Val sans retour", seine meditative Beschaulichkeit und seine urwüchsige Natur könnte einen Anfang darstellen. Und „sans retour" – auf der Strecke – bliebe der teuflische Befehl, sich die Natur untertan zu machen.

Die Kapelle der Gralsbilder

Das granitgraue Dorfkirchlein von Tréhorenteuc, ganz nah beim „Val sans retour", ist seit dem Zweiten Weltkrieg als Stätte der Gralsverehrung unter dem Namen „L'Église du Saint-Graal" bekannt. Der Abbé Henri Gillard hatte das Gotteshaus mit „heidnischen" Farbfenstern – wie die Kirchenoberen den Abbé im Nachhinein maßregelten – ausstatten lassen. Von 1942 bis 1962 dauerten die Arbeiten nach den Ideen des Geistlichen, der aus seiner Vorliebe für heidnisch-christliche Legenden, keltische Mythen und für das Gralsgeheimnis keinen Hehl machte.

Zwei deutsche Kunstmaler – Kriegsgefangene – hatten während des Zweiten Weltkrieges in weniger als zwei Jahren einen Kreuzweg und Bilder aus dem Sagenkreis um König Artus geschaffen. Von anonymen Künstlern stammen nach Aussage des Abbé jene drei wundervollen Kirchenfenster, die in den Farben des Regenbogens die Passion des Erlösers, Artus' Tafelrunde um den Gral und religiöse Interpretationen des astrologischen Tierkreises zeigen. Diese „heidnischen" Bilder sollten auf der Stelle entfernt werden, hatten die geistlichen Vorgesetzten gefordert. Doch der Abbé war unbeirrt in seiner Haltung geblieben, so dass die Tafelrunde der Gralsritter noch immer die Kirche ausschmückt. Staunend steht man vor dem Bild der Tafelrunde mit den dreißig Rittern in königlichen Gewändern, die um einen runden Tisch versammelt sind.

Gral und Abendmahlskelch ergänzen in grün schillernder Farbe, was an eine ketzerische Gralsvorstellung anknüpft. Denn Luzifer trug bei seinem Aufstand gegen Gott eine grüne Krone, das Symbol der Hoffnung.

Als er in die Tiefe stürzte, löste sich aus der Krone ein Smaragd, der Adam und Eva in dem Augenblick vor die Füße fiel, als sie gerade aus dem Paradies vertrieben wurden. Sie hoben den grünlich schimmernden großen Stein auf, und er verwandelte sich in eine Schale – die Gralsschale. Diese Schale verwendete Jesus später beim letzten Abendmahl. Joseph von Arimathia hatte Pilatus um den Leichnam Jesu gebeten, um ihn in einem von ihm erworbenen Grab zu beerdigen.

Pilatus kam der Bitte Josephs nach und schenkte ihm dabei die Schale, aus der Jesus beim Abendmahl seine zwölf Jünger getränkt hatte. Der Legende nach soll der Leichnam Jesu bei der Waschung plötzlich an den Wundstellen zu bluten begonnen haben. Dieses Blut fing Joseph von Arimathia in der Schale auf.

Später wurde der Ratsherr in ein tiefes Verlies geworfen, wo man ihn jahrelang vergaß. Aber Joseph von Arimathia überlebte, weil er die Schale mit dem Blut des Erlösers bei sich hatte. Er wurde vom Gral genährt. Als man ihn nach vielen Jahren endlich freiließ, errichtete er die erste Gralstafel. Wenig später soll er dann mit einem Schiff Richtung Südwestengland gesegelt sein, wo er eine Abtei errichtete, einen König bekehrte und dann im Alter von 82 Jahren starb. Etwa im Jahr 150 ging das Gefäß plötzlich verloren, so dass sich ein paar Jahrhunderte danach Gralsritter wie Lanzelot auf die abenteuerreiche und gefährliche Suche nach ihm begaben. Der Legende nach wurde die Gralsschale im Wald von Brocéliande vergraben...

Auch der alte Zauberwald ist im Kirchenschiff zu finden. Der Erzzauberer erscheint auf demselben Bild als strahlend weißer Hirsch. Vier feuerrote Löwen umgeben ihn: Wächter? Metaphern für Steinquader? Den Hals des Hirschen ziert eine goldene Kette mit Kreuz. Für die Kelten symbolisiert der Hirsch die Wiedergeburt: „Ein alter Hirsch wird wieder jung durch sein weißes Fell." Merlin tritt in Personalunion als keltischer Gott Cernunnos und als Christus auf.

Verblüffend an diesem Ort und wunderbar zugleich ist das Bildnis Mariens im linken Querschiff des Gralskirchleins. Die Madonna erscheint sternengekrönt, den Mond zu ihren Füßen. Erinnerungen an die einstige Göttin und ihre Macht, wie sie sich ohnehin im Wald von Brocéliande erspüren lässt, werden auch hier wieder geweckt.

Maria steht zwischen zwei Vasen, von denen eine mit Blumen, die andere mit Korn gefüllt ist – beides sind Symbole der Großen Göttin. In Indien und Ägypten ist ihr der Lotus, in Europa die Rose zugeordnet. Die Ähre ist das Symbol der griechischen Demeter, die in der Dreiheit junges Mädchen (Kore), reife, liebende Frau (Persephone) und Greisin des Todes (Hekate) verehrt wurde.

Malorys Text drängt sich immer wieder auf. Zweimal erwähnt er Mariens Schoß in Verbindung mit der Verwandlungsgeschichte des weißen Hirsches. Diesem begegnen wir im Bodenmosaik der Kirche noch einmal. Zweifellos drückt das Hirschsymbol in Verbindung mit der Jungfrauengeburt Mariens – alle Muttergottheiten waren Jungfrauen gemäß ihres triadischen Charakters Kore, Persephone, Hekate – einen Aspekt des Weiblichen aus. Und solchermaßen lässt sich auch ein Wandmosaik in der Kirche deuten: Dort sieht der Betrachter eine weiße Taube, die im Schnabel eine Oblate zu einem smaragdfarbenen Kelch trägt, der geheimnisvoll zwischen Sternen und dem Mond über dem geöffneten Grab Christi schwebt.

Das Symbol der Taube verweist auf die babylonische Gottesmutter Anat oder Ischtar, die in Gestalt einer Taube verehrt wurde. In den Gralsromanen versinnbildlicht die häufig erwähnte weiße Taube den Heiligen Geist. Und dieser Heilige Geist trägt eindeutig weibliche Züge, wird somit zur Sophia, zur höchsten Weisheit, ohne die dem Glauben der Mystiker zufolge Gott die Welt nicht hätte erschaffen können.

Wahrlich, wer in solchen Betrachtungen in der Kirche des Heiligen Grals verweilt und die mythischen Bilder richtig zu lesen versteht, der erfährt, dass die Suche nach dem Heiligen Gral, dem Blut des Erlösers in einem Gefäß, das Luzifer schuf, Bestandteil eines kosmischen Gleichnisses darstellt, das den Sinn des menschlichen Lebens reflektiert.

„Der Garten der Mönche", „Vivianes Gasthaus", megalithische Bauwerke im Wald von Brocéliande

Für mich sind diese beiden Zeugnisse der Großsteinleute die schönsten im ganzen „Zauberwald". "Le jardin aux moines" (Der Garten der Mönche) liegt fast am Schnittpunkt der Straßen Neant-sur-Yvel und Tréhorenteuc (an der D 141) in der Nähe von Le Pertuis-Nanty. Als ich aus dem Wagen steige, deutet nur das Schild „Parkplatz" mitten in der Wildnis auf eine archäologische Stätte, den Dolmen, hin. Durch einen Hain von Ginsterbüschen, die gerade Ende Mai voll in Blüte stehen, gelange ich – die meiste Zeit über wegen des üppigen Pflanzenwuchses in gebückter Haltung

– zu einer kleinen, fast rechteckigen Lichtung. Dort befindet sich – umsäumt von Farnen – das 70 Meter lange und fünf Meter breite Megalithgrab, das nach Ansicht der Forscher einstmals einen hochgestellten Verstorbenen barg und laut Datierung nach der C-14-Methode (Radiokarbonmethode) um das Jahr 3580 v. Chr. entstanden sein soll.

Das Grab ist wunderbar erhalten, ein Ort der Stille und der Kraft, und fand erst 1983 wissenschaftliche Beachtung, obwohl es bei den Menschen der Umgebung schon seit Jahrhunderten eben als „Der Garten der Mönche" bekannt war.

Die Namensgebung geht zurück auf die Sage vom üblen Leben des Ritters Gastern de Tréhorenteuc, der sich nur mit betrunkenen Haudegen umgab. Sein Leben bestand aus Saufgelagen und wilden Jagden durch den Wald von Brocéliande. Besonders gern verwüstete der Ritter die Felder der Bauern, vergewaltigte deren Töchter und verprügelte jeden, der ihn auch nur schief ansah. Aber das Schicksal ereilte Gastern de Tréhorenteuc an Pfingsten, dem Tag des Heiligen Geistes. Ausgerechnet an diesem Sonntag beliebte es dem streitsüchtigen Ritter, zusammen mit seinen Kumpanen und einer großen Hundemeute eine Jagd zu veranstalten. Dieser Frevel sollte zu seinem Untergang führen. Denn die göttliche Kraft, die im Wald von Brocéliande spürbar zugegen ist, verwandelte den

Gastern de Tréhorenteuc, seine Saufkumpane und seine Meute in die 78 Steine des Grabes, wie es noch heute vor uns liegt. Der wilde und üble Gastern de Tréhorenteuc wurde also mitsamt seiner Gefolgschaft in das genaue Gegenteil seines Lebens verwandelt: in einen Mönchsgarten. Möge er seinen Seelenfrieden gefunden haben!

Vivianes Gasthaus

Ich gebe offen zu, dass ich jedes Mal, wenn ich mich daran erinnere, ins Schwärmen gerate. Im Laufe meiner Reisen durch die Bretagne habe ich eine Vielzahl megalithischer Stätten aufgesucht. Jedoch ist in meinen Augen keine von ihnen schöner gelegen und strahlt mehr Atmosphäre aus als „Vivianes Gasthaus" am Rand des „Tals ohne Wiederkehr".

Als ich zum ersten Mal, aus Paimpont kommend und in Richtung Schloss Trécession fahrend, zuletzt rechter Hand dem Schild „Tombeau des Géants" (Grab der Riesen) folgte, bis es nicht mehr weiterging, wusste ich noch nicht, was mich am Ende erwartete. Ich war schon fast eine halbe Stunde den rotstaubigen Weg entlangspaziert, als ich den Fuß eines Hügels erreichte.

Langsam stieg ich die steinerne Anhöhe empor und wurde oben durch einen wunderbaren Anblick belohnt. Es war in den frühen Abendstunden und die Sonne im Untergehen begriffen, so dass die Natur ins Zwielicht getaucht wurde. Wenige Meter vor mir lag das „Gasthaus" der Frau, für die Merlin sich freiwillig unter die Erde hatte verbannen lassen: dem Aussehen nach ein kleiner Dolmen in exakter West-Ost-Ausrichtung, der erst 1983 entdeckt worden war. Seine Entstehung wird auf das Jahr 3555 v. Chr. datiert.

In der Vorstellung der Menschen von Brocéliande musste Viviane ihr „Gasthaus" immer schon irgendwo im „Val sans retour" haben. Nachdem die Archäologen es gegen Ende des 20. Jahrhunderts ausgegraben hatten, kam es auch endlich zum Vorschein. Verblüffenderweise fanden die Wissenschaftler heraus, dass der kleine Dolmen (2,90 Meter lang, 1,70 Meter breit) über mehr als 60 Generationen lang kontinuierlich als Grabstätte benutzt worden ist.

Im gewissen Sinne haben wir es also tatsächlich mit einem „Gasthaus" zu tun – wenn auch mit dem allerletzten.

Was „Vivianes Gasthaus" so einmalig macht, ist zweifellos seine Lage. Das Auge schweift von erhöhter Stelle über das Grab hinaus nach Westen, sieht den Wald von Brocéliande, ahnt in der Ferne Merlins Grab, seine Quelle und die geheimnisvolle Kapelle von Tréhorenteuc. Man erhält einen Eindruck, wie groß und zusammenhängend die Fläche dieses einmaligen Waldes eigentlich ist.

Dazwischen liegen kleine, spärlich bewaldete scharfzackige Höhenzüge und dunkle Täler, deren Bäume und Felsen, je nach Lichteinfall, zu seltsamen Phantasiegebilden anregen. Ich jedenfalls lasse mich – im schwindenden Licht immer wieder gern auf die zauberische und mythische Natur dieses Stückchens Erde ein, das mich umgibt wie ein grüner uralter Mantel.

Huelgoat – Felsenmeer und Mythenwald

Finistère, Finis terrae, Ende der Welt. Wie ist es wohl entstanden, dieses Gebiet, das an einen Drachenkopf mit dreigespaltener Zunge erinnert, dieses „Land, das das Meer beobachtet" (Plinius d. Ä.)? Finis terrae, dort, wo die Sonne im Meer versinkt.

„Während der Ansturm des alten Ozeans die Felsen bloßlegte, Grotten und Tunnel höhlte, Felsennadeln und kahle Inseln vom Festland trennte und Felsenbänke freinagte, ließen die anderen Naturkräfte das Knochengerüst der Erde hervortreten." [34]

Die innere Gestalt von Finistère prägen zwei parallel verlaufende Bergketten: die Monts d'Arrée im Norden – die der Dichter Julian Gracq als „eine Art knorrige, sehnige Magerkeit, gleichsam das Gefühl von Knochen und Haut" beschreibt – und die lieblicheren Montagnes Noires im Süden. Dazwischen befinden sich Yeun Elez, der Eingang zur Hölle, und Huelgoat mit seinem kleinen See und einem urwüchsigen Wald, in dem bizarre Felsformationen, halsbrecherische Wasserläufe, Höhlen, Grotten und das Lager von König Artus sich zu entdecken lohnen.

Huelgoat – „Hoher Wald" – heißt das in seiner Urwüchsigkeit an Brocéliande erinnernde Gebiet, das mit flüsternden Bächen, stillen Teichen und schattigen Felsenmeeren zu den wohl eindrucksvollsten Landschaften der inneren Bretagne zählt. Wer sich in dieses Gewirr von Steinen, in das vom Wasser geschliffene bizarre Zauberreich übereinander getürmter Granitblöcke begibt, tut gleichsam einen Schritt in eine andere, phantastische Welt.

Doch Vorsicht! Man sollte unbedingt den Blick häufig nach unten, auf die glitschigen, mit Flechten bewachsenen und von Moosen bedeckten Steinblöcke richten. Fehltritte zögen unweigerlich Knochenbrüche nach sich. Inmitten eines Waldes voller alter Eichen im skurrilen Efeukleid,

Felsen im geheimnisvollen Wald von Huelgoat

mit Ästen, an deren Enden die Zweige hässlich überlangen Fingernägeln gleichen, kommt man nämlich aus dem Staunen über diesen Wirrwarr aus Bäumen und Steinen nicht mehr heraus.

Die Teufelsgrotte zieht wie magisch an. Der Weg führt zuerst in die Dämmerung und schließlich in die totale Finsternis. Mühsam hält man nach dem Tageslicht Ausschau. Ganz weit oben dringt ein schwacher Schimmer durch eine der Spalten. In der Tiefe gurgelt der „Silberbach" (Rivière d'argent), der sich zwischen den zahlreichen Spalten der durcheinander gewürfelten Rundlingsblöcke lediglich erahnen lässt. Sind hier wirklich in grauer Vorzeit junge Mädchen den Mächten der Tiefe geopfert worden, indem man sie von den Felsen hinunterstieß?

Einer anderen Legende zufolge soll Dahud an dieser Stelle ihr Unwesen getrieben haben. Die gottlose Prinzessin von Ys ließ die ausgedienten Liebhaber in die Tiefe hinabstürzen. Dahud-Morgana: Immer wieder begegnet dem bretonischen Mythenforscher diese Göttin der Nacht und des Meeres, denn „die keltische Phantasie verhält sich zur lateinischen wie das Unendliche zum Endlichen". [35]

Eine andere Grotte wird Artus zugeschrieben. Sie befindet sich unweit seines Lagers (camp d'Artus) als eine leichte Erhöhung des farn- und moosüberzogenen Bodens; eine Felsenhöhle, die sicherlich einmal im Zauber ihres Dämmerlichts Teil eines druidischen Heiligtums gewesen ist. Beim Camp d'Artus handelt es sich um ein gallisch-römisches Heerlager aus der Zeit um 50 vor Christi Geburt, das einst aus zwei Mauergürteln bestand.

Doch gerade seine Zuschreibung zeigt, dass Artus in den Herzen der Menschen mehr Spuren hinterlassen hat als die Soldaten Cäsars. Artus – ein zum Archetypus gewordener Held, der, unsterblich geworden, die Zeiten für immer überdauert. Wie Huelgoat, das sich scheinbar der Zeit nicht unterwirft.

EINSAME STEINE

Menhire, Cromlechs und Dolmen sind weit mehr verbreitet, als man sich gemeinhin vorstellt. Bereits in Westeuropa lassen sich vier große Regionen unterscheiden:

1. Skandinavien, Norddeutschland und die Niederlande: Allein in Dänemark sind megalithische Monumente äußerst zahlreich vorhanden. So wurden auf der Insel Seeland, das die gleiche Fläche wie das Departement Finistère aufweist, 3500 megalithische Denkmale gezählt, weshalb viele Gelehrte hier den Ursprung und den Ausgangspunkt dieser Kultur zu erkennen glaubten.

2. Die Britischen Inseln: Hier stehen die nördlichsten Menhire und Cromlechs überhaupt. Ein Cromlech wurde auf der Insel Unst, knapp 200 Kilometer vom Polarkreis entfernt, entdeckt. Die größte Dichte erreichen die megalithischen Bauwerke in England in Wales, wobei sich in Stonehenge im Süden Englands das Meisterwerk der Megalithzeit manifestiert und zugleich die Endphase dieser Kultur abzeichnet. In Irland ist neben vielen anderen bemerkenswerten Denkmalen rund um Sligo besonders der riesige Tumulus von Newgrange nördlich von Dublin zu erwähnen.

3. Frankreich: Nach einer vor einigen Jahren vorgenommenen Schätzung müsste es in Frankreich 4350 Dolmen, 2200 Menhire, 130 Cromlechs und 110 Steinreihen geben. Viele davon stehen in Südfrankreich. Die überwiegende Mehrzahl befindet sich allerdings in der Bretagne und dort vor allem im Departement Morbihan.

4. Iberische Halbinsel: Die Pyrenäen trennen die französischen Megalithen von ihren Nachbarn. Von Katalonien bis Guipuczoa zählt man einige hundert Dolmen, die allerdings in den Hochflächen Aragóns sehr selten sind.

Bevor wir Westeuropa verlassen, sei der Vollständigkeit halber noch erwähnt, dass es isolierte Dolmen in Schlesien und Belgien gibt. Isoliert deshalb, weil sich im weiten Umkreis keine anderen megalithischen Monumente finden lassen. Im Mittelmeergebiet stehen Menhire und Dolmen auf Menorca, seltsamerweise jedoch keine auf Ibiza oder Mallorca, sieht man einmal von den mauerartigen Überresten der aus dem 11. Jahrhundert vor Christi Geburt stammenden megalithischen Stadt bei Ses Paises ab. Korsika ist reich an Dolmen und Menhiren, während auf Sardinien nur wenige gefunden wurden. Malta wiederum verdient in dieser Hinsicht mehr Beachtung. Dort steht in Hagar Quim auch ein imposanter Tempel, welcher der Erdmutter geweiht war. Italien kann kaum Dolmen oder Menhire vorweisen. Österreich und das ehemalige Jugoslawien sind gar völlig frei davon.

In Nordafrika zieht sich eine Kette dieser Bauwerke von Marrakesch bis Hammamet in Tunesien. Ebenso wurden in Algerien, im Norden Gambias und Äthiopien Cromlechs entdeckt. Ägypten ist frei von Megalithen, während Palästina eine starke Konzentration aufweist. Megalithen finden sich auch in Bulgarien, auf der Krim, entlang des Kaukasus und in der Nähe des Kaspischen Meeres. Im Norden Kleinasiens wurden bislang keine entdeckt.

Die größte Anzahl megalithischer Bauwerke steht nach Westeuropa in Indien, was für andere Forscher wiederum ein Indiz dafür gewesen ist, dass diese Kultur einst von hier ihren Ausgang genommen haben könnte. Es gibt auch Hinweise auf Megalithen nördlich der Nordgrenze von Ostpakistan und in diesem Land selbst. Steinreihen wurden sogar in Tibet entdeckt.

Die Verbreitung der Megalithen endet im Fernen Osten. Korea besitzt fast 300 Dolmen, die meisten davon an der Westküste des Landes. An der Ostküste kommen sie ebenfalls vor und erreichen China auf der Halbinsel von Liao-Toung. Ich möchte nicht unerwähnt lassen, dass man angeblich auch in Japan, im Inneren Russlands oder in

Persien Megalithen entdeckt hat, allerdings sind sie bislang von niemandem untersucht worden und so ist unbekannt, ob die Meldungen auf Wahrheit beruhen oder nicht. Man hat darauf aufmerksam gemacht, dass besonders dicht mit Megalithen bestückte Gegenden nahe der Küste liegen und diese Erkenntnis mit der Vermutung verknüpft, die „Kultur der beseelten Steine" sei möglicherweise durch Seefahrer verbreitet worden. Bestimmte Regionen an der Küste scheinen von den Erbauern in der Tat bevorzugt worden zu sein. Aber daraus lässt sich keine Regel ableiten.

Zwei Dolmen im spanischen Aragón liegen auf 1500 Meter Höhe: in einem Gebiet, in dem wahrscheinlich noch nicht einmal Menschen gelebt haben. Allgemein lässt sich sagen, dass die geographische Verbreitung der Megalithen weder auf einem wirtschaftlichen noch auf einem geologischen Gesetz beruht. Der wahre Grund bleibt daher weitestgehend ein Rätsel.

Was sind Dolmen?

Sie können uns in einfacher, aber auch in Gestalt gigantischer Begräbnisstätten begegnen. Man unterscheidet Dolmen mit Gang oder Galerie und einfache Dolmen, bestehend aus drei, vier auf die Kante gestellten Blöcken, die mit einer Steinplatte abgedeckt wurden. Galeriegräber dagegen können riesige Ausmaße annehmen, besitzen Vorkammern und abgeknickte, meist rechtwinklige Gänge.

Ursprünglich waren die Dolmen mit einem Hügel, dem Cairn, bedeckt – ob alle, das ist umstritten. Diskutiert wird auch die Frage, wozu sie gedient haben. Wurden Dolmen errichtet, um in solchen künstlichen Höhlen den Körper an die Große Mutter zurückzugeben? Das Problem ist deshalb so schwierig zu lösen, weil viele Dolmen offensichtlich niemals menschliches Gebein enthalten haben. In anderen wiederum fanden sich Knochen wie „hineingeschüttet". Dolmen wurden über die Jahrtausende zu allen möglichen Zwecken genutzt, sogar zum Kühlhalten von Nahrungsmitteln. Der Dolmen von Crossac im Departement Loire-Atlantique diente einer armen Frau zehn Jahre lang als Unterkunft, worin sie auch starb. Das gleiche gilt für den Dolmen von Trégastel im Departement Côtes-du-Nord, der lange als Wohnung benutzt worden war.

Diese Dolmen jedenfalls waren niemals mit Erde bedeckt gewesen, sondern bewusst „nackt" gelassen worden und kamen somit als künstliche Begräbnishöhlen nicht in Frage. Wozu man sie in megalithischer Zeit also verwandte, entzieht sich unserer Kenntnis. Vielleicht sollten die Wissenschaftler auch einmal im Umfeld der Dolmen Ausgrabungen vornehmen, was bislang unterlassen worden ist. Eventuell stößt man ja dabei auf des Rätsels Lösung.

Zwei Besonderheiten sollten noch erwähnt werden: Bei allen Dolmen, die mit Eingravierungen versehen sind, wurden diese auf der Außenseite des Decksteins angebracht, der schon auf seinen Trägermonolithen ruhte. So zieren den Deckstein des Dolmen von March'hand bei Locmariaquer an der Unterseite die Skulptur eines riesigen gestielten Beils und das Bild eines Tieres.

Da aber ein Teil des Tieres von einem Pfeiler verdeckt wird, konnten die Eingravierungen nicht nach Platzierung der Platte ausgeführt worden sein. Demnach muss der schwere Granitblock – er wiegt immerhin fast 37 000 Kilogramm – umgedreht worden sein, nachdem der Künstler ihn bearbeitet hatte. Die Frage ist berechtigt, wie man das zu jener Zeit wohl zu bewerkstelligen vermochte. Und warum haben es sich die Großsteinleute überhaupt so „schwer" gemacht?

Vielleicht war es aber auch ein Kinderspiel für sie, solche Massen zu bewegen. Die zweite Besonderheit ist noch „verrückter": Bei sehr vielen Dolmen wurde festgestellt, dass ihr Deckstein durch den bloßen Druck einer Hand in eine Schaukelbewegung versetzt werden kann. Bei manchen genügt sogar ein sanfter Fingerdruck, um sie hin und her schaukeln zu lassen wie ein Blatt, mit dem der Wind spielt. Zufall, architektonischer Fehler oder Absicht?

Ich denke, letzteres ist richtig. Jeder irgendwie geartete Körper, der das Gleichgewicht hält, lässt sich durch geringen Druck in Schwingungen versetzen. Befindet er sich nicht im Gleichgewicht, ist dazu eine wesentlich größere Kraft vonnöten. Aber genau so scheinen die Dolmen gebaut worden zu sein: Ihre Decksteine sind beziehungsweise waren beweglich. Bei denen das nicht mehr der Fall ist, hat die Verwitterung ganze Arbeit geleistet.

Mich erinnern die mächtigen Dolmen an die „tanzenden Felsen", die es längs der Nordküste gibt. Auch sie ruhen so im Gleichgewicht, dass ein Windzug genügt, um sie „tanzen" zu lassen. Für die Druiden waren diese Felsen Sinnbilder der menschlichen Freiheit – im Sinne von Gleichgewicht der Gegensätze, wo schon die geringste Neigung eine unwiderrufliche Entscheidung bedeutete. Haben die Großsteinleute Tausende von Jahren vor ihnen ähnlich gedacht und empfunden? Oder wollten sie nur ausdrücken, dass alles in Schwingungen versetzt werden kann, weil das ganze Universum aus Schwingungen besteht? Sind vielleicht auch so ihre wellenförmigen Symbole im Innern der Dolmen deutbar: als Abbildungen des Jenseits?

Gibt es magische Einzelmenhire?

Im Zusammenhang mit dieser Frage möchte ich auf zwei Menhire bei Plouescat, nordöstlich von Lesneven im Departement Finistère, hinweisen. Einer von ihnen steht nahe beim Dorf Saint-Eden und besitzt 25 waagerechte „Stricheinritzungen". Darin sammelt sich tröpfchenweise Regenwasser, das seit Jahrhunderten von den Bewohnern der Umgebung als Heilmittel für alle Arten von Krankheiten verwendet wird. Sie nennen den Menhir deshalb „schützende Quelle": „La fontaine qui protège". Der andere Menhir ist ein

Steine am Brignogan-Plàges, Nord-Finistère

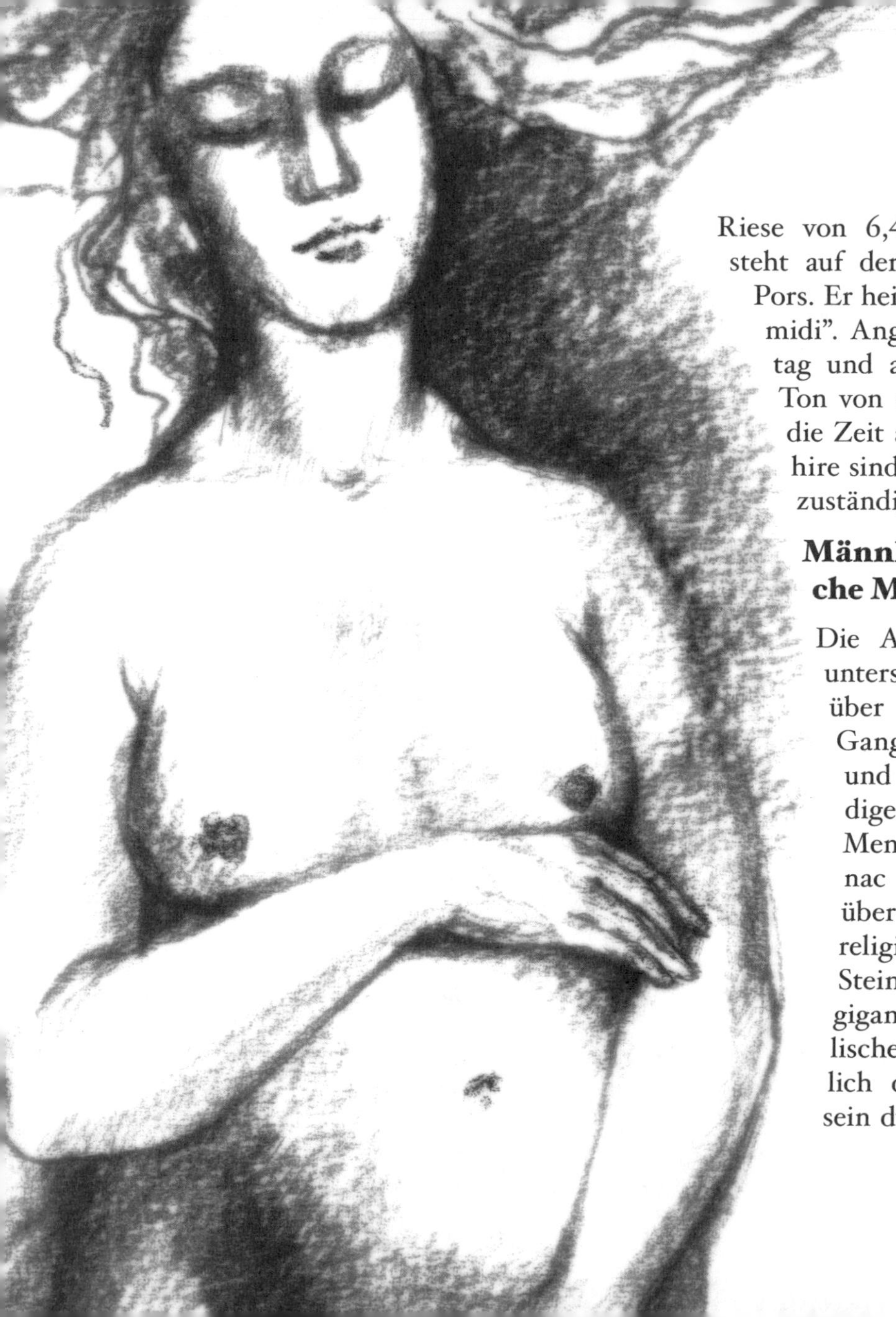

Riese von 6,40 Meter Höhe und steht auf der Straße nach Pen-ar-Pors. Er heißt „Menhir qui sonne midi". Angeblich soll er zu Mittag und an Mitternacht einen Ton von sich geben und somit die Zeit ansagen. Andere Menhire sind für die Fruchtbarkeit zuständig.

Männliche und weibliche Menhire

Die Archäologen vertreten unterschiedliche Theorien über die Bedeutung von Ganggräbern, über Sinn und Zweck solch aufwendiger Anordnungen von Menhiren, wie sie in Carnac zu sehen sind, sowie über den weltlichen oder religiösen Nutzen von Steinkreisen, von denen die gigantische Anlage im englischen Stonehenge sicherlich die beeindruckendste sein dürfte. Allgemein anerkannte Tatsache bleibt jedoch, dass die Errichtung der steinernen Monumente etwa um 2000 vor Christi Geburt ziemlich unvermittelt eingestellt wurde. Der Grund hierfür ist unbekannt. Einzelmenhire, von denen die höchsten elf, zwölf Meter erreichen, schienen in einem bestimmten Zusammenhang mit Fruchtbarkeitskulten zu stehen.

So wurden in der Bretagne Menhire mit muldenähnlichen Einbuchtungen und phallusartigen Ausbuchtungen entdeckt, die man als weibliche und männliche Steine deutete (siehe „Der Riese von Kerloaz“, Seite 165). Brauchtum, Legenden und Sagen aus Gegenden mit solchen Menhiren ranken sich um die Annahme, Frauen seien schneller schwanger geworden, wenn sie ihre Scham im Mondlicht an einer bestimmten Stelle des aufrecht stehenden Steines gerieben hätten.

Inwieweit solche Vorgänge ein uraltes Ritual widerspiegeln, ist allerdings ungewiss. Nicht wenige Wissenschaftler vermuten, dass Einzelmenhire auch als primitive Kalender fungiert haben könnten. Andere widersprachen heftig, weil sie auf Exemplare gestoßen waren, die eindeutig als Kultstätten für blutige Opfer dienten. Unter anderen wiederum waren offensichtlich Tote zur Ruhe gebettet worden. Keine Theorie kann somit eindeutig überzeugen. Als ob sich der Schleier der Vergangenheit ein für allemal an ihnen verhakt hat, so hüten die Baudenkmale der Megalithepoche ihr magisches Geheimnis.

Das megalithische Universum: Carnac

Fast 3000 Menhire von ehemals 10 000, in Reihen oder einzeln stehend, aufrecht oder am Boden liegend, zahlreiche Dolmen, 10 Tumuli, Steinkreise; Objekte aus Gold, aus Kupfer, aus Silex, die in den Museen von Vannes, Carnac und dem Britischen Museum in London ausgestellt sind – dies alles legt Zeugnis über eine verzaubernde und mysteriöse Kultur ab. Die Faszination der Steinreihen von Carnac kommt am besten zur Geltung, wenn man sie Ende Mai, Anfang Juni besucht und die Granitblöcke aus der erblühten Heide- und Ginsterlandschaft der südlichen Bretagne ragen. Die Besichtigung der Menhire erfordert einen mehrstündigen Fußmarsch, der sich aber lohnt. Drei in Abständen von 250 und 400 Metern voneinander entfernte Gruppen lassen sich unterscheiden.

Der Reihe nach gibt es 594 Menhire bei Kerlescan, 1029 in Kermario und 1169 in Le Menec. In Menec stehen 70 Steine in einem Halbkreis, während die übrigen in elf Reihen mit einer Länge von 1167 Metern angeordnet sind. In Kermario lässt ein freier Platz vermuten, dass auch dort einmal ein Halbkreis vorhanden gewesen ist; die Steine selbst sind indes seit langem verschwunden. Die Breite der Reihen beträgt 100 Meter. In Kerlescan sind die Menhire überraschenderweise nur halb so dicht angeordnet wie an den beiden anderen Standorten.

Könnte dies ein Hinweis auf eine unterschiedliche Bedeutung im Vergleich zu den anderen zwei Anlagen sein? Alle Steine sind unbearbeitet und aus Granit. Ihre Größe nimmt innerhalb der Reihen mit Annäherung an das zum Halbkreis führende Ende mehr oder weniger ab. Bei Betrachtung aus der Luft erkennt man, dass die Reihen nicht gleichgerichtet verlaufen, sondern geschlängelt. War hier Absicht im Spiel oder ist eine nicht näher bekannte Zahl von Menhiren umgestürzt und fehlerhaft wieder aufgerichtet worden?

Rätselhaft bleibt gleichfalls, warum einige Menhire in Carnac einzeln stehen. Welcher Plan liegt ihnen zugrunde? Welche Rolle spielen sie im Ensemble?

Irritierend ist auch, dass ihre Form (Blöcke, Säulen, Stelen, Scheiben) und ihre Größe (zwischen einem und zwölf Metern) so unterschiedlich ausfallen können. Knapp 2200 soll es noch in ganz Frankreich geben, davon 766 allein in der Bretagne mit einem Gewicht, das zwischen fünf und 300 Tonnen schwankt.

Cornély und Cernunnos, versteinerte Menschen und Astronomie

Man erzählt sich in Carnac eine seltsame Legende: Im 3. Jahrhundert nach Christi Geburt lebte in Morbihan ein Mann namens Cornély, der nach seinem Tod heilig gesprochen wurde. Die bretonischen Christen verehren ihn seit Jahrhunderten als Schutzpatron des Hornviehs. Seine Kirche wurde auf dem Tumulus Saint-Michel errichtet. Michael, der Besieger des Drachen, der frevlerischen Schlange...

Aber Cornély erwies sich auch den Menschen von Carnac gegenüber als Wohltäter: So soll er römische Soldaten mit Gottes Hilfe in Menhire verwandelt haben. An dieser Legende sind nun verschiedene Aspekte bemerkenswert.

Beginnen wir mal mit dem Namen des Heiligen: Cornély. Im Lateinischen ist „Cornu" das Horn. Aber auch Carnac, vom bretonischen „karn" abgeleitet, bedeutet „Horn, Hörner". (Es soll hier jedoch gleichfalls nicht verschwiegen werden, dass manche Sprachforscher Carnac von „karreg", „Stein", „Felsen", ableiten wollen.) Wer ist im Abendland nun mit Hörnern ausgestattet? In erster Linie der Stier, der Hirsch, doch ebenfalls der Teufel.

Nun verehrten die Kelten einen Gott, der sich ihnen als Hirsch zeigte und Cernunnos hieß. (Der Zauberer Merlin verwandelte sich mitunter in einen Hirsch!) Der keltische Cernunnos verkörperte Tod und Wiedergeburt beziehungsweise Auferstehung. In vielen Dolmen wurden Hirschgeweihe, mitunter sogar ganze Hirschskelette gefunden, die veranschaulichen, dass auch die megalithischen Menschen einem „Hirschgott" gehuldigt haben müssen. Was nun den christlichen Cornély angeht, so sind nicht wenige Keltenforscher davon überzeugt, dass er quasi „ersatzweise" den Platz des keltischen Cernunnos eingenommen hat.

Cornély beziehungsweise Cernunnos hat römische Soldaten in Steine

verwandelt. Auch dies muss näher betrachtet werden. Einer der größten Archäologen Frankreichs, Zacharias Le Rouzic, ein Bretone, hat einmal Folgendes geschrieben: „Ich nehme die populäre Vorstellung, dass die Menhire versteinerte Menschen seien, durchaus ernst. Nach keltischem Glauben gab es keinen Tod. Der Tod war ihnen ein Sein in einem anderen Zustand. Aber dieser andere Zustand des Seins nahm auf die Lebenden Einfluss.

Wie sollten die Menschen auch eine Ahnung vom Jenseits bekommen haben, wenn sich ihnen die Anderswelt in welcher Form auch immer nicht geoffenbart hätte? Der Menhir symbolisiert dieses ganz andere Sein und stellt somit eine unsterbliche Gottheit dar, der zu Recht geopfert wurde." [36]

Häufig wurden schlanke Steinblöcke anthropomorph gestaltet, dass heißt, sie erhielten durch eine allseitige Ausarbeitung die Gestalt eines Menschen, zumeist einer Frau. Dass es sich dabei nicht um eine jeweils spontane Formschöpfung handelt, sondern um durchaus typische Skulpturen, fanden die Archäologen recht bald heraus. Ähnliche Menschenmenhire entdeckte man nicht nur im französischen Aveyron, sondern auch in Spanien und in Griechenland. Stellen also die „beseelten Steine" Menschen dar?

Philosophisch gesehen könnten die Menhire durchaus so gedeutet werden: aufrechter Gang gleich Selbstreflexion gleich Endlichkeit des Menschen in der „Versteinerung" und zugleich Überwindung der Endlichkeit durch das bis auf den heutigen Tag überdauernde Material.

Ich möchte noch hinzufügen, dass sich für mich in der Megalithkultur ein großartiger Gegenentwurf zu unserer eigenen Zivilisation manifestiert. Offensichtlich hat sie länger existiert, als wir es von unserer erwarten dürfen. Und es ist bislang noch nicht der geringste Beweis dahingehend gefunden, dass die Menschen jener fernen Epoche ihre jahrtausendalte Kultur urplötzlich

Steine am Brignogan-Plàges, Nord-Finistère

verleugneten und den Weg einschlugen, der bis zu uns führt, oder dass sie nicht vielmehr einen Weg gefunden hatten, Diesseits und Jenseits als eines zu leben. Was wir von ihnen sehen, sind ihre stummen Kathedralen. Aber wer weiß, was da wirklich vor uns steht? Eine andere Deutung der nach einem System errichteten Steinreihen von Carnac betrifft den Bereich der Astronomie. Der bereits erwähnte Le Rouzic hat schon Anfang dieses Jahrhunderts darauf hingewiesen, dass es eindeutig Beziehungen zwischen den Steinreihen und den verschiedenen Mondphasen gibt. Devoir, ein anderer Forscher, legte dann als erster überzeugend dar, dass die Menhire auch als großer Kalender fungierten. Devoir fand nämlich heraus, dass dieser steinzeitliche Kalender als vier wichtige Daten den 8. November, den 4. Februar, den 6. Mai und den 8. August eines jeden Jahres markiert. Die Daten korrespondieren mit der Zeit der Aussaat, des Wachsens, der Blütephase und der Ernte und fügen sich somit in den ewigen Kreislauf von Geburt und Tod ein.

Wer waren die Erbauer der Steinreihen?

Theorien, wer die Menschen gewesen sein könnten, welche die Menhire und Dolmen von Carnac und anderen Stellen der armorikanischen Halbinsel errichteten, gibt es mehr als genug. Und eine davon hat sich aufgrund zahlreicher Untersuchungen so ziemlich als die annehmbarste herauskristallisiert.

Die Anthropologen scheinen sich sicher zu sein, dass im 5. Jahrtausend vor der Zeitenwende eine mediterrane Rasse, die den Stiergott verehrte, über Spanien nach Gallien und schließlich in die heutige Bretagne einwanderte. Zu jener Zeit durchlief die Sonne das Tierkreiszeichen des Stieres.

Der Stiergott wurde in Ägypten, aber mehr noch auf Kreta verehrt. Sein Symbol ist die Doppelaxt. Im dritten und zweiten vorchristlichen Jahrtausend entwickelte sich auf Kreta die so genannte minoische Kultur. Die Minoer waren Seefahrer und es lässt sich nicht ausschließen, dass sie bis Armorika segelten und dort Kolonien errichtet haben. Ihr Gott war der Minotauros.

Nun soll aber nach Ansicht einiger Forscher noch eine zweite Rasse bis nach Gallien vorgedrungen sein. Ob dies fast gleichzeitig geschah oder Jahrhunderte vorher oder nachher, ist ungewiss. Kymrer nennt sie Jules Michelet in seiner „Histoire de France" und sagt, dass die Rasse aus dem Norden Europas gekommen sei und einen Gott in Gestalt eines Hirsches verehrt habe. Das ist nicht unwahrscheinlich, denn bei den Schamanen Nordeuropas galt und gilt der Hirsch von jeher als „Seelentier".

Im Übrigen scheinen bereits die Urmenschen Nord- und Westeuropas den Hirsch besonders verehrt zu haben. Beleg für diese These ist einmal die berühmte Darstellung dreier flüchtender Hirsche in verschiedenen Farben an der Wand im Eingangsstollen des Höhlensystems von Lascaux, die Cromagnonkünstler schon 30 000 Jahre vor Christi Geburt gemalt haben dürften.

In der Höhle von Les Trois Frères in Südfrankreich gibt es sogar eine in Tierhäute gekleidete Gestalt mit einem Hirschgeweih auf dem Kopf. Sie stellt laut ihrem Entdecker Abbé Breuil einen Schamanen der Cromagnonmenschen dar. Auch in Lepenski Vir an der Donau, einer der bedeutendsten steinzeitlichen Siedlungen, die über 7500 Jahre alt ist, wurden den Toten als „Seelenbegleiter" entweder Hirschgeweihsprossen oder ganze Hirschschädel mitgegeben.

Somit stießen im Herzen Galliens die beiden unterschiedlichen Rassen mit ihren jeweils spezifischen Glaubenssymbolen – Hirsch und Stier – offensichtlich nicht im Konflikt aufeinander, sondern verschmolzen im Laufe der Zeit. Fortan bildeten sie das „Volk der Göttin Dana" (Tuatha de Danaan), das sich auch auf den Britischen Inseln niederließ.

Von der Tuatha de Danaan heißt es in den irischen Legenden, dass sie eines

Tages beschlossen, ihr Leben ganz in der Anderswelt weiterzuführen: „Wir wollten den Mantel der Unsichtbarkeit anziehen, des Fead Fea. Wir geben euch Irland, aber da unsere Hände es bildeten, wollen wir das Land nicht ganz verlassen.

Wir werden sein in der Stille, die über den Seen brütet. Wir werden sein der Freudenruf der Flüsse. Wir werden sein die geheime Weisheit der Wälder. Lange, nachdem eure Nachkommen uns vergessen haben, werden sie unsere Musik hören auf sonnigen Erdwällen und unsere großen weißen Rösser sehen. Und am Ende werden sie wissen, dass alle Schönheit der Welt in uns ihren Ursprung hat und dass eure Kämpfe nur das Echo unserer Kämpfe sind." [37] Zweierlei macht dieses geistige Vermächtnis deutlich: erstens die enge Beziehung zur Natur und zweitens das In-der-Welt-Sein in einer Weise, der wir nur ratlos gegenüberstehen können.

Die Göttin Dana wurde später in der christianisierten Bretagne zur heiligen Anna umgeformt und als Mutter der Jungfrau Maria verehrt. Im Übrigen kommt der Wortstamm „-ana-" in den Namen zahlreicher, meist weiblicher Gottheiten in diversen europäischen und semitischen Traditionen vor. (Als Beispiele mögen hier die babylonische Anat, die semitische Nana, aus der späten Ischtar/Astarte wurde, die indische Anna Pourna und natürlich die römische Göttin Diana genügen.)

Interessant ist noch, dass die Ana-Wurzel indoeuropäischen Ursprungs ist und die Bedeutung „Atmung, Atem, Hauch" und damit auch „Geist" hat. Aber diese Lautgruppe brachte bei den Kelten noch eine weitere Bedeutung zum Klingen: nämlich „anaoun", was sowohl „Seele des Toten" als auch „Volk der Ana" bedeutet – womit wir wieder bei der Vorstellung angelangt sind, dass die „anaoun" in den Seelenhügeln, den Tumuli, sowie auf abgelegenen Inseln im Ozean leben.

Noch eine weitere Symbolik scheint bei dem Volk des Südens und jenem des

Nordens eine ähnliche gewesen zu sein: Die zahlreichen, in die Steinwände der Dolmen geritzten Schlangenzeichen belegen dies. In Indien ist die Schlange Begleiter der Götter, auf Kreta finden wir die Seelen der Verstorbenen in ihnen wieder. In Ägypten ziert eine Kobra die Pharaonenkrone. Erst das Christentum brachte die Umkehrung: Schlange gleich Schmeichelei und Versuchung; Schlange gleich weiblich; Schlange gleich schlecht und unrein.

Transport der tonnenschweren Menhire und andere Rätsel

Der Erforscher der Megalithkultur sieht sich mit den immer wiederkehrenden drängenden Fragen konfrontiert: Warum beschäftigen sich die Menschen der Urzeit so intensiv mit der Astronomie, dass sie keine Städte oder Tempel, sondern lediglich Anlagen errichteten mit dem alleinigen Zweck, den Sternenhimmel zu beobachten? Und warum erstreckte sich dieses merkwürdige Phänomen von England über Korea mit seinen nach Tausenden zählenden Dolmen bis ins ferne Japan, wobei vollkommen unklar ist, welches Volk (und vor allem: wie) für die Verbreitung der megalithischen Idee gesorgt hat?

Eine häufig aufgeworfene Frage betrifft den Transport. Lange Zeit hatte man sich über die Weiterbeförderung der für die Megalithbauten verwendeten tonnenschweren Steine falsche Vorstellungen gemacht: Es sollten Baumstämme als Rollen fungiert haben. Aber alle aufgestellten Hypothesen scheuten durchweg das Problem der Reibung bei gleitender Bewegung.

Abgeastete, liegende und entrindete Baumstämme hätten sich wohl schlecht dafür geeignet, schon deshalb nicht, weil der sich verringernde Stammdurchmesser eine geradlinige Fortbewegung der Stämme vereitelt. Stillschweigend setzten die Vertreter dieser Transportmöglichkeit voraus, dass das für den Transport vorgesehene Gelände weitgehend eingeebnet worden war, weil andernfalls die rollenden Baumstämme mit Sicherheit irgendwo hängengeblieben wären. Und wie hätte das auf einer geneigten Ebene ausgesehen? Womit hätten die Menschen in der damaligen Zeit ihre tonnenschwere Fracht gebremst, wenn es bergab ging? Nein! Da gibt es noch zu viel Ungereimtes und zu viele Rätsel, die es zu lösen gilt.

Die Megalithkultur war eine weltumspannende, mit Frankreich, insbesondere der Bretagne, als vermutlichem Zentrum. Wie war es möglich, dass vor über 8000 Jahren eine solche Idee von einem Ende der Welt bis ans andere weitergetragen werden konnte? Und was vor allem hatten die Astronomen jener längst vergangenen Zeiten am Sternenhimmel erblickt oder sehen, erforschen wollen, dass sie es über Jahrtausende nicht mehr aus den Augen ließen?

Man stelle sich das vor: über Jahrtausende! Welche Logistik, welcher Zusammenhalt mag zeitlich und weltumspannend dahinter gestanden haben? Von wem wurde das alles initiiert? Und zu welchem Zweck? Man hat sogar spekuliert, dass ägyptische Seefahrer den Bau der Monumente angeregt haben könnten. Einzig die Ägypter verfügten über Kenntnisse und die Möglichkeiten, mit den tonnenschweren Steinen bautechnisch fertig zu werden. Seltsam ist nur, dass sie im eigenen Land niemals Dolmen oder Menhire errichtet haben. Und somit bleiben die Megalithen eines der größten Geheimnisse in der Menschheitsgeschichte.

„Der Felsen der Feen" – La Roche-aux-Fées

Auf einem sanft ansteigenden Hügel, inmitten eines Haines stattlicher Bäume, stoße ich auf den „Felsen der Feen". Das berühmteste Ganggrab der Bretagne in der Nähe von Essé, südlich von Janzé, Richtung Retiers (Departement Ille-et-Vilaine) mit einer eindrucksvollen Länge von 20 Metern wurde aus 43 Felssteinen zusammengesetzt. Es ist in einem ausgezeichneten Zustand und ich stehe staunend vor den massigen Steinblöcken, von denen einige über 40 Tonnen wiegen sollen.

Menhire im zugefrorenen Aber Ildut
(Flussmündung),West-Finistère

Verständlich, dass die Menschen in früheren Zeiten geglaubt haben, dass nur Feen mit übernatürlichen Kräften oder Hünen solche Bauwerke errichten konnten. Das neolithische Ganggrab ist sechs Meter breit und vier Meter hoch. Durch eine große Vorhalle gelange ich in eine niedrige, nur 1,10 Meter hohe Kammer. Drei Querträger teilen im südlichen Bereich vier weitere Kammern ab. Die großen Steinquader stehen nicht dicht nebeneinander, so dass ich durch die Spalten nach draußen blicken kann.

Der Wind bewegt die Zweige und Blätter der Bäume, die sich wie eine hohe Kuppel über das Grab wölben. Im Grab ist es still. Ich hocke auf dem Boden und spüre die Kraft, die von dem Ort ausgeht. Meine Gedanken beginnen zu wandern: Wie mag der Platz vor 6000 Jahren wohl ausgesehen haben? Denn dieses ehrfürchtige Alter besitzt der Roche-aux-Fées.

Vielleicht hatten die Menschen die Bergkuppe damals gerodet und die Stelle, an der das Ganggrab errichtet werden sollte, eingeebnet. Viele Kilometer von dem Hügel entfernt hatten die Menschen die Felsblöcke mit Fäusteln zu Granitsäulen und -platten aus dem gleichnamigen Stein freigeschlagen. Wahrscheinlicher ist aber, dass sie in vorab in den Fels geschlagene Löcher trockene Holzpflöcke gesteckt haben.

Diese Pflöcke wurden eifrig mit Wasser begossen, um durch das Aufquellen des Holzes den Fels entlang der Linie der Pflöcke zu sprengen. Danach wurden die Felsen auf Schlitten gehievt, um sie anschließend über lange, durch nassen Lehm gleitfreudig gemachte Holzwege zu ziehen, die vorher bis zum Standort des zukünftigen Grabes verlegt worden waren. Wieviel Tränen und Schweiß mochten dabei geflossen sein?

Von der benötigten Zeit für das Unternehmen ganz zu schweigen. Danach war das eigentliche Grab mit Feldsteinen und gestampfter Erde aufgefüllt worden, um die Felsen zu stützen, während sie von zahlreichen Helfern in Position gehebelt und geschoben wurden. Nachdem alle Steine platziert waren, wurde die innere Füllung des Grabes wieder entfernt. Danach hat man die Spalten und Ritzen mit kleineren Steinen, Holzstücken und Erde abgedichtet. Nachdem im Innern die Toten in hockender Lage bestattet worden waren, wurde das Ganggrab mit einer viele Meter dicken Erdschicht von allen Seiten bedeckt. So weit trifft diese Vorgehensweise für einige Ganggräber und Dolmen zu.

Allerdings wurden auch etliche Ganggräber gefunden – und dazu gehört der Roche-aux-Fées –, die weder Knochen noch irgendwelche anderen Gegenstände enthielten. Wozu benutzte der megalithische Mensch dann solche aufwendigen Anlagen, wenn nicht als Grabstätte?

La Roche-aux-Fées zählt im Grunde genommen wie vieles andere zu den ungelösten Rätseln der Bretagne. Das Monument liegt ziemlich genau gegen den Sonnenaufgang zur Wintersonnenwende ausgerichtet. Wenn das Ganggrab nicht durch die Jahrhunderte als Grabstätte in Gebrauch gewesen ist und trotzdem mit Erde bedeckt gewesen war – was stellte es dann dar? Ein Tempel besonderer Art? Der dürfte einst von außen wie ein kegelförmiger Berg ausgesehen haben.

Aber niemand kann sagen, ob er jemals wirklich mit Erde bedeckt gewesen ist. Was berichten nun die Sagen über das Ganggrab bei Essé? Zum einen, dass Feen einst die gewichtigen Steinquader aus allen Himmelsrichtungen zusammengesucht hätten, um damit die Anlage zu errichten. Die Felsen seien dank elfischer Zauberkräfte durch die Luft geflogen. (Auch Merlin soll die Steine für Stonehenge auf ähnliche Weise vom benachbarten Irland herübergeholt haben!)

Das Grab sei von den Feen deshalb gebaut worden, um Männer und Frauen, die in ihrem Leben nur Gutes getan hätten, mit einer unvergänglichen Grabstätte zu ehren. Eine andere Geschichte erfahre ich von einer alten Bäuerin. Ihre Mutter habe noch den Brauch gepflegt, so erzählt sie mir, den „Feenfelsen" als „Eheorakel" zu benutzen. Das hätten bis vor dem Ersten Weltkrieg viele junge Männer und Frauen aus der Gegend getan. Um herauszufinden, ob ein Mädchen und ein junger Mann zusammengehörten, gingen beide bei Vollmond zum Roche-aux-Fées.

Dort angekommen, umrundete der Junge das Grab rechts, das Mädchen links. Beide zählten dabei die Steine des Dolmens und teilten sich das Ergebnis später mit. Bis zu einer Abweichung von zwei Steinen standen die Vorzeichen für die angestrebte Ehe günstig. Alles darüber hinaus ließ nichts Gutes erwarten.

Oberflächlich betrachtet ist dieses „Eheorakel" ein hübsches Spiel, doch das tiefere Geheimnis liegt für mich darin verborgen, dass Zahlen von jeher die geheime Ordnung des Universums dar-

legen. Zwei verliebte Herzen schwingen also dann im Einklang, wenn es zahlenmäßig bei ihnen stimmt. Für mich klingt das durchaus plausibel. Nur, wie mag dieser Brauch im Zusammenhang mit dem Ganggrab entstanden sein? Nichts wird einfach so aus der Luft gegriffen. Alle Sagen und Legenden tragen in sich einen Funken Wahrheit. Baute sich das Weltbild des megalithischen Menschen vielleicht auf Zahlen auf? „Höret in euch hinein und nehmt das Unendliche der Zeit und des Raumes wahr, lauscht dem Gesang der Sterne, versteht die Sprache der Zahlen und erschaut die Harmonie der Sphären im niemals endenden Klang des wohlgestalteten Universums" [38], lauten die Worte Thot-Hermès' auf einem altägyptischen Papyrus. Dass wiederkehrende Zahlen eine wichtige Rolle im Aufbau der Materie spielen, das bestätigt in unseren Tagen die Quantenphysik. Während ich das Monument langsam umschreite, bewundere ich seine Exaktheit und architektonische Harmonie. Es ist eindeutig das schönste noch erhaltene Ganggrab der Welt. Wie gut, dass die Soldaten, die es während der Französischen Revolution anzuzünden versuchten, keinen Erfolg hatten. Eine weitere Quelle fällt mir ein: In vielen bretonischen Sagen benutzten Zwerge oder Feen die Dolmen als Eingänge zu ihrem unterirdischen Reich. Die Wesen der Anderswelt nehmen diese Bauwerke also als Schnittstelle, als Schwelle zwischen Diesseits und Jenseits. Interessanterweise ist in solchen Geschichten auch davon die Rede, dass

auf den Gräbern getanzt und gesungen wurde. Die Frage ist erlaubt, ob es sich dabei nicht um orgiastische, tranceähnliche Tänze gehandelt haben mag. Die ekstatischen Tänze auf Gräbern bilden folglich eine „ Brücke" zur Anderswelt – stießen sie vielleicht gar ein „Tor" auf? Formen dieser Art hat das christliche Abendland verlernt, infolgedessen wurde das Jenseits zu einer abstrakten Formel – losgelöst vom Leben – und verkam zu einer Art Richtplatz: wo die Guten ins Töpfchen und die Bösen ins Kröpfchen wandern. Um wie viel interessanter macht sich dagegen eine Kultur, in der sich Mathematik und Ekstase, Leben und Tod gegenseitig durchdringen und bereichern!

Eine Stufenpyramide: Der Cairn von Barnenez

Auf ein Alter von 6400 bis 6700 Jahren schätzen Archäologen ein riesiges Hügelgrab zehn Kilometer nördlich von Morlaix bei dem Dorf Plouézoch. Damit wäre es das älteste Zeugnis der Megalithkultur in der Bretagne, wenn nicht in ganz Europa. Der eindrucksvolle Grabhügel ist somit auch älter als die Pyramiden Ägyptens, misst 90 Meter in der Länge, 40 Meter in der Breite und hat eine Höhe von zehn Metern.

Seine Erbauer sind nach wie vor unbekannt und werden dem rätselhaften vorkeltischen Volk zugerechnet, das bis 2 000 vor unserer Zeitrechnung die gesamte Halbinsel mit Menhiren und Dolmen „versehen" hat. Der imposante Tumulus, auf einer Halbinsel nördlich von Plouézoch gelegen, wurde in West-Ost-Ausrichtung erbaut und weist seltsamerweise genau gen Stonehenge in Südengland. Der Cairn zählt elf Grabkammern und besteht aus vier Etagen. Leider musste er für die Bevölkerung der Umgebung jahrhundertelang als künstlicher Steinbruch herhalten, als kostenloser Materiallieferant für ihren Häuserbau, so dass der Gesamtanlage ein großer Schaden entstand.

Vermutlich ist das Großsteingrab ursprünglich viel höher und breiter gewesen. Leider kann es nicht in all seinen Teilen besichtigt werden: Zugänglich sind nur die Gräber C und D, in die man über enge Gänge von sieben bis elf Meter Länge gelangt. Dort wurden einige Wände mit Symbolen und Bildern verziert, darunter ein Bogen und drei Pfeile.

Interessant wäre jedoch das bedauerlicherweise versperrte Kuppelgrab A, weil es im Schichtbau aus kleinen, überkragenden Steinen errichtet wurde. Diese so genannte „Bienenkorbkuppel" kannte man bislang nur von kleineren Bauwerken in Irland. Dort wurden sie jedoch dem 6. Jahrhundert nach Christi Geburt zugeschrieben. Um so größer war deshalb die Überraschung der Archäologen, eine solche, nicht ganz unkomplizierte Bauweise auch an einem Bauwerk aus dem älteren Neolithikum vorzufinden.

Inschriften in U-Form wurden lediglich in dem mit dem Buchstaben A gekennzeichneten Grab entdeckt. Mit ähnlichen Darstellungen und Eingravierungen sind die Stelen der Megalithgräber von Morbihan versehen, aber auch der berühmte Stein von Newgrange in Irland. Eine Steinplatte der Gavrinis-Gruft zeigt die U-förmigen Zeichen in Verbindung mit einer Figur mit umringtem, ovalem „Kopf" und einem Halsband darunter. Die Archäologen bezeichnen derartige in einigen Tumuli entdeckten Darstellungen als „Wächterfiguren".

Sie und andere Figuren, Symbole und Abbildungen gehören zum „Glaubensbereich" der Großen Mutter. Der Forscher Ranke-Graves behauptet sogar, das alte Europa habe keine Götter gekannt, sondern nur die eine große, allmächtige, unsterbliche Göttin verehrt. Es ist nicht auszuschließen, dass dieser eindrucksvollste Cairn Europas zusammen mit den Anlagen in und um Carnac vor fast 7000 Jahren als geistiges Zentrum dieses Kultes gedient hat.

Wie groß die Verehrung dieser höchsten Muttergottheit gewesen sein mag, vermittelt eindringlich Apuleius in seinem Roman „Der goldene Esel": „Ich bin die Natur, die Mutter des Universums. Urkind der Zeit, Herrscherin über alles Geistige... Die einzige Erscheinung aller Götter und aller Göttinnen, die da sind... Obwohl ich vielfach verehrt werde, in zahllosen Namen bekannt bin, in mannigfaltigen Riten um Hilfe angefleht werde, werde ich von der ganzen, runden Welt geachtet." [39]

Als ich den Tumulus Anfang der siebziger Jahre zum ersten Mal besuchte, erinnerte er mich ganz spontan an eine Maya-Pyramide. Zugegeben: Die Bauwerke der Maya wie jene von Monte Albán in Mexiko sind größer und höher, aber rein optische Übereinstimmungen mit der „Pyra-

mide" von Plouézoch lassen sich nicht verleugnen. Bei beiden haben die Baumeister Stufenterrassen als architektonisches Mittel und eine langgestreckte Form gewählt. Allerdings waren die Pyramiden der Maya keine Grabstätten. Sie versinnbildlichten mit der „Stufenform" den Himmel, den sie nicht als ein „Gewölbe", sondern als einen „Berg" ansahen. Die Sonne begibt sich am Vormittag diesen „Berg" hinauf und am Nachmittag wieder hinab. Dass ein solcher etappenweiser Aufstieg zum Himmel in geistiger Hinsicht zugleich unterschiedliche Grade der Einweihung und des Bewusstwerdens mit sich bringt, versteht sich von selbst. Bei den Druiden ist es der Lebensbaum, dessen „Stufen" in den Himmel bewältigt werden müssen, um zur wahren Erkenntnis zu gelangen. Gral, abgeleitet von „gradale", bedeutet ebenfalls stufenweise Entwicklung. Insofern zeugt die in Europa einmalige Form der „Stufenpyramide" von Plouézoch möglicherweise für einen uralten universellen Bewusstseinsprozess.

Der „Riese von Kerloaz"

Südlich von Saint-Renan, abseits der D 67 nach Le Conquet, reckt sich der höchste Menhir der Bretagne in den Himmel. Zwölf Meter soll er vom Boden bis zu seiner Spitze messen, behaupten die Leute in seiner Umgebung. Vermutlich ist er aber „nur" knapp zehn Meter hoch. Von einem kleinen Parkplatz aus folge ich dem Fußpfad, der zu dem Koloss führt, welcher Jahr für Jahr Touristen anzieht. Menhire können „weiblich" und „männlich" sein. Das ist kein Scherz! So äußert sich zum Beispiel das morphologische Charakteristikum der „weiblichen" Steine in einer kräftigen Verdickung des mittleren bis unteren Teils, wodurch eine Silhouette entsteht, die an eine etwas kräftigere Frau erinnert. Der „männliche" Stein wurde häufig in unmittelbarer Nachbarschaft aufgerichtet und wirkt von seiner Form her phallisch (etwa „Jean" und „Jeanne" auf der Belle Île).

Solche „geschlechtlichen" Menhire sind nicht nur in der Bretagne bekannt. Es gibt sie vor allem in Korea und China. Allem Anschein nach ist diese Symbolik von den Erbauern so gewollt, so dass die Vermutung, Einzelmenhire seien Relikte eines Fruchtbarkeitskults gewesen, nicht unbedingt falsch sein muss.

So ist mit dem „Riesen von Kerloaz" ein seltsamer Brauch verbunden, der allerdings heute nicht mehr ausgeübt wird: An seinen beiden entgegengesetzten abgerundeten Seiten, etwa einen Meter über dem Boden, fallen mir zwei buckelförmige Erhebungen von je 30 Zentimeter Durchmesser auf. Frisch verheiratete Paare sollen an diesen Stellen ihre Genitalien, der Mann auf der einen Seite, die Frau auf der anderen, gerieben haben – nachts, versteht sich. Danach konnte der Mann sicher sein, männlichen Nachwuchs zu zeugen. Die Frau aber war sich der Herrschaft über ihren Ehemann gewiss.

Einen ähnlichen Brauch pflegte man übrigens auch am Menhir von Moellan, südlich von Quimperlé. Doch der „Riese von Kerloaz" soll gleichfalls ein probates Mittel gegen Impotenz sein: Der Mann jagt zu nächtlicher Stunde die nackte Frau so lange um den Menhir, bis sie sich ergibt. Freunde und Verwandte sperren derweil das Gelände im weiten Umkreis ab.

Ich kauere mich zu Füßen des „Riesen". Ist er tatsächlich ein Fruchtbarkeitssymbol, nur weil sich Paare seiner „bedienten"? Unter anderen Menhiren fand man Einäscherungsreste und in einem Fall sogar ein ganzes menschliches Skelett. Sind sie deshalb Totenmale? Schließlich wurde unter einigen Goldschmuck ausgegraben.

Ich habe eine französische Fotografie von 1980 gesehen, auf der eine alte Frau gefolgt von einer Reihe weiterer Frauen einen Menhir küsst. Verkörpern die Menhire demzufolge göttliche Wesen, denen geopfert wurde? Medial veranlagte Menschen wollen sich die Kräfte der Erde mittels der aufgestellten Steine leichter nutzbar gemacht haben.

Sind sie deswegen Akupunkturnadeln am Leib der Erde? Bauern, in deren Felder Menhire stehen, behaupten, dass sie höhere Ernten erzielen. Markieren Menhire die Brennpunkte der universellen schöpferischen Energie? Wissenschaftler wollen nachgewiesen haben, dass die Mehrzahl der Steine mit ihren ebenen

Seitenflächen streng nach den Himmelsrichtungen Nord-Süd beziehungsweise Ost-West eingefluchtet ist. Sind Menhire also Messgeräte zur Bestimmung der Jahreszeit und besonders geeignet zur Ermittlung landwirtschaftlich wichtiger Termine? Der „Riese von Kerloaz" schweigt majestätisch zu all meinen Fragen. Ich lehne meinen Kopf an den kühlen, mit braunen Flechten und dunklen Moosen bewachsenen Stein. Über mir, am Himmel, nahen von Norden flockig geballte Wolken, lösen sich auf und bilden zarte, horizontale Streifen über dem Land. Meine Haut, meine Lippen streichelt ein salzhaltiger Wind. Ich blicke am graufleckigen Körper des großen Menhirs hoch, dorthin, wo die

flimmernde Spitze sich mit dem Blau des Himmels vermählt. „Wohin deutet der Steinzeitfinger des schlanken Menhirs, weist er den Wolken den Weg, den Wogen, den segelnden Möwen oder dem Boot, das spielzeugklein dort unten treibt?"[40] schreibt Max Rieple. Alle unsere Vermutungen darüber, was du letztlich bist, stummer „Riese von Kerloaz", müssen „spielzeugklein" bleiben, solange wir unsere Seele eingesperrt halten.

Der zerbrochene „Finger" von Locmariaquer

Die dinglichen Überreste einer Urzeitreligion, welche die Große Mutter sowie die Zusammenhänge von Geburt, Leben, Tod und Wiedergeburt in ihr geistig-spirituelles Zentrum stellte, sind 20 Meter hoch und 350 Tonnen schwer. Gemeint ist der größte Menhir der Welt, von dem bereits der griechische Geograph Scymnos im ersten vorchristlichen Jahrhundert spricht: „An den Grenzen des Landes der Kelten erhebt sich eine Säule – Säule des Nordens genannt – angesichts des wilden Meeres." [41] „Dorf mit dem Heiligtum der Maria" heißt Locmariaquer übersetzt: Die alte Große Mutter musste der christlichen Himmelskönigin weichen. Der mächtigen Göttin zu Ehren wurde vor einigen tausend Jahren der gigantischste Granitkoloss, den jemals Menschen zu diesem Zweck hergestellt haben, aufgerichtet. Aber der riesige Menhir stürzte um und zerbrach in drei Teile.

Wann das genau passierte, ist unbekannt. Weder bieten die an seinem Fuß entdeckten römischen Topfscherben einen sicheren Anhaltspunkt, noch fand dieses Ereignis in irgendeinem Text Erwähnung. Allerdings ist es schon möglich, den Zeitpunkt ein wenig einzugrenzen.

Landläufiger Meinung zufolge soll der Stein durch einen Blitzschlag zerstört worden sein. Allerdings vermag man sich ein solches Ereignis nur schwer auszumalen, wenn man bedenkt, dass die Basis des Menhirs unter der Berücksichtigung von Größe und Gewicht sicherlich gut vier Meter in der Erde ruhte. Welcher Blitzschlag würde ihn da schon gefährden können? 1659 wurde der Stein anlässlich der Untersuchung eines Schiffbruchs vor der Küste von Locmariaquer noch als aufrecht stehend erwähnt. Aber schon 1727 hat ihn M. de Robien, Parlamentspräsident der Bretagne, so gezeichnet, wie er heute ist. Folglich muss im Laufe dieser 68 Jahre die Zerstörung stattgefunden haben, worüber allerdings seltsamerweise nichts berichtet wurde.

Es ist nicht auszuschließen, dass man ihn gar mutwillig zu Fall brachte. Letzte Klarheit darüber würde man sicherlich erhalten, wenn man erst einmal das Loch entdeckt hat, in das er in megalithischer Zeit eingesetzt worden ist.

Warum aber haben Menschen einen solchen Steinkoloss überhaupt errichtet? Geschah dies nach dem Motto: je größer desto schöner? Parallelen zum Turmbau von Babel sind wohl eher zufällig, aber immerhin: Himmelsstürmer fallen tief. Bemerkenswert auch, dass er an Ort und Stelle liegen gelassen und nicht beiseite geräumt wurde. So groß, so mächtig, so hoch hinauf in den Himmel ragend. Wollten seine Erbauer anderen imponieren – eventuell uns, ihren Nachfahren in weiter Ferne?

„Wir brennen vor Begier, alles zu ergründen, und einen Turm zu erbauen, der bis in die Unendlichkeit reicht“ [42], schreibt Blaise Pascal. Bildet der Gigant von Locmariaquer im Zentrum des Heiligtums der Großen Mutter vielleicht den krönenden Abschluss einer Kette von aufgestellten Steinen? Könnte mit seiner Errichtung das globale Netzwerk endgültig aktiviert worden sein, um die Erdenergie von Korea bis hin zur südlichen Bretagne zirkulieren zu lassen und für Menschen nutzbar zu machen?

Absurde Vorstellung? Falls die Menhire diesem Zweck dienten, dann geht die Geschichte aber noch weiter. Die Spitzen der Steine ragen hinauf in den Himmel. Somit liegt die Vermutung nahe, dass kosmische Energie in den Erdkörper hineingeleitet werden sollte. Und der „Finger" von Locmariaquer war der „Hauptschlüssel" dazu. Es ist doch interessant, dass gerade er als einziger in drei Teile zerbrochen am Boden liegt. Vor Jahren haben im Umfeld des Menhir großangelegte Grabungen begonnen.

Besucher werden über Bretterwege fachkundig durch das Gelände geführt. Es sieht aus wie auf einem Rummelplatz. Die Grabungen haben deutlich gemacht, dass Locmariaquer das Zentrum der Megalithkultur in der Bretagne, wenn nicht gar in der ganzen Welt gewesen ist. Aber die „aufwühlende" Suche geht mit wissenschaftlicher Akribie weiter... und zerstört.

Mit dem am Boden liegenden zerbrochenen „Finger" mahnt stumm die Magna Mater – Gäa –, nicht noch mehr zu entweihen: „In Tibet betete Tag für Tag ein alter Mann mit einem heiligen Gedicht zur Göttin Tara, und jedes Mal erschien sie ihm. Die Verse waren eine Übersetzung aus dem Sanskrit. Eine schlechte, sagten die Theologen und Wissenschaftler und lieferten ihm die richtige. Nur die Göttin, sie erscheint nicht mehr." [43]

CALVAIRES UND ANKOU

DIE BRETONEN UND DER TOD

Im Land des Ankou... „Ich töte euch alle!" schreit der Tod. Jedenfalls steht es so auf dem Rand des jahrhundertealten Weihwasserbeckens am Beinhaus von La Roche-Maurice. Bemerkenswert sind daran zwei Dinge:

Einmal wird durch das „alle" ein kritischer Anklang einer fundamentalen Gleichheit des Schicksals zum Audruck gebracht, denn der Tod richtet den Pfeil auf in Steinmedaillons eingeschlossene Figuren wie den Bauern die, Frau, den Juristen, den Papst – kurzum gleichermaßen Arme wie Reiche. Zum anderen ist die Nachbarschaft von Tod und Wasser mit Sicherheit kein Zufall. Wasser spendet Leben, aus dem Wasser ist Leben überhaupt erst entstanden. Alle Muttergottheiten bis hin zur Jungfrau Maria haben sich durch Quellen offenbart. Wasser als Substanz des Lebens vermag selbst der Tod nicht aus der Welt zu schaffen. Somit ist der Tod, bretonisch „Ankou", in Nachbarschaft der Auferstehung anzutreffen.

Die umfriedeten Kirchhöfe (Enclos paroissiaux) der Bretagne stellen in Europa eine Besonderheit dar. Ihre Kalvarienberge (Calvaires) bilden durch ihre eindeutige Abgrenzung nach außen eine „Seelenstadt".

Entstanden sind die meisten Calvaires ab Mitte des 15. bis zum 17. Jahrhundert und man stößt auf sie vor allem in den Gemeinden zwischen den Flüssen Elorn und Aulne im Finistère. Die schönsten können in den Städten Saint-Thédonnes, Lampaul-Guimiliau, La Roche-Maurice, La Martyre, Sizun, Plougastel-Daoulas, Brasparts, Lannédern, le Cloître Pleyben und Pleyben besichtigt werden.

Ihre unterschiedlichen Ausschmückungen reichen von schlichten Kreuzigungsgruppen bis hin zu biblischen Szenen mit über 200 Figuren. Das Kreuz von Golgatha ist meist als Lebensbaum mit übrig gelassenen Astansätzen dargestellt. Die anonymen mittelalterlichen Steinmetze sprachen mit ihren Arbeiten sowohl das Auge

als auch den Tastsinn der Menschen an. Heute haben Regen, Sturm und das Meer die steinernen Figuren der Calvaires mit moosigen Schleiern überzogen, was ihren sinnlichen Reiz aber nicht mindert. Das Bildprogramm der Calvaires ist als Mysterienspiel zu interpretieren, vor denen im Mittelalter während der Karwoche melodramatische Stücke zur Aufführung gelangten, die sich mitunter – angeheizt von fanatischen Gläubigen – zu orgiastischen Spektakeln steigern konnten.

Alle Calvaires sind aus Stein gehauen, wie überhaupt Stein das wichtigste künstlerische Ausdrucksmittel der Bretonen zu sein scheint. Jean Markale spricht in diesem Zusammenhang von einer „erstaunlichen Kontinuität zwischen den Ausdrucksformen der Megalithkultur und denen des christlichen Mittelalters".

Und er schreibt weiter: „Die Calvaires bezeugen, genauso wie die Menhire und Dolmen und die Cromlechs, die Vertrautheit, mit der die Bretonen den Tod als die Mitte eines langen Lebens betrachteten, und sie sind ebenso die Verkörperung eines Glaubens: Durch das Leiden Christi hindurch, das das zentrale Thema der Calvaires ist, erscheint der schicksalhafte Lebensweg eines jeden Menschen; ein Schicksal, das aus dem Leben einen ewigen Wirbel macht auf dem Weg zu dieser von den keltischen Poeten besungenen Anderswelt, seien sie nun Christen oder Helden gewesen." [44]

„Ankou", der bretonische Begriff für „Tod", ist verwandt mit den gleichfalls bretonischen Ausdrücken „Anken", „der Kummer", und „Ankoun", „das Vergessen". Das griechische Wort für „Notwendigkeit", „Ananké", ist ihm aber auch nicht fremd.

Der (männliche) Ankou hat die Aufgabe, Menschen, deren Stunde gekommen ist, in die Anderswelt zu holen. Ankou ist nicht der Teufel, auch kein Heiliger, und er darf laut einigen Legenden mitunter sogar unabhängig von Gott handeln. Er herrscht über das Totenreich, wo seiner Macht keine Grenzen auferlegt sind. Ankou, die bretonische Personifikation des Todes, ist kein finsteres Loch, das auf den Lebenden wartet. Die Gemeinsamkeit zwischen keltischer Mythologie und Christentum besteht in der Auffassung von der Unsterblichkeit der Seele. Allerdings beharrt die christliche Theologie auf einer strikten Unterscheidung zwischen Leib und Seele und postuliert eine Dualität von Licht und Dunkelheit – Himmel und Hölle.

Die „keltische Theologie", wenn man sie als solche bezeichnen darf, spricht hingegen von einer Verschmelzung der spirituellen, physischen und imaginären Sphären – eine religiöse Vorstellung, welche die von Menschenhand in der Bretagne aufgestellten kultischen Steine, ganz gleich ob es sich dabei um Menhire oder Calvaires handelt, nach wie vor bezeugen.

Ankous Wege können mitunter von den Lebenden entschlüsselt werden: etwa ein Traum der Mutter, die darin das Schiff untergehen sieht, mit dem ihr Sohn am nächsten Morgen hinaus aufs Meer will; oder in der Art, wie der Rauch durch den Kamin abzieht und die entfesselte See brüllt.

Die Bretonen haben über Jahrhunderte hinweg das unsichtbare Band entdeckt, das jeden einzelnen mit Ankou und diesen mit der ganzen Natur verbindet. Sie haben gelernt, ihre Schlüsse aus Zeichen zu ziehen, die ihnen angeboten werden, denn Ankou verfügt über große Macht. Überlistet werden kann er nicht. Manchmal ist es aber möglich, Zeit zu gewinnen. Ankou, der sie alle tötet, aber ohne Wasser nicht denkbar ist, stellt paradoxerweise die Lebensbedeutsamkeit des Todes dar. „Sie verließen den Friedhof. Ein neues Band war zwischen ihnen geknüpft worden", schreibt der bretonische Dichter Henri Queffélec. Eine Erfahrung, die uns Heutigen unbedingt zuteil werden sollte...

Initiation: Die Kapelle von Pluméliau

Zwölf Kilometer südlich von Pontivy im Blavettal im Departement Morbihan entdeckt man zunächst einen reichverzierten gotischen Brunnen, der 1537 über einer Quelle errichtet wurde. Seine heiligen Wasser lindern die geistigen und körperlichen Leiden der Gläubigen. Brunnen und die nahe Kapelle sind dem heiligen Nikodemus geweiht, jenem reichen Kaufmann, von dem es im Johannesevangelium (19,39) heißt: „Es kam aber auch Nikodemus, der zuvor des Nachts zu ihm gekommen war, und brachte eine Mischung von Myrrhe und Aloe, etwa hundert Pfund."

Das sind etwa 33 Kilogramm hoch spezifischer Heilkräuter. Eine solche enorme Menge veranlasst das Autorenteam Kersten/Gruber in seinem Buch „Das Jesus-Komplott" zu der Vermutung, dass damit die Wunden des Gekreuzigten behandelt worden seien. Allerdings nicht, um Jesus einzubalsamieren, sondern um ihn damit zurück in die Welt der Lebenden zu holen. Wie dem auch sei – interessant ist, dass die bretonischen Kelten, nachdem sie sich mit dem Neuen Testament vertraut gemacht hatten, offensichtlich gerade von jener Stelle im Johannesevangelium fasziniert waren, in der es um ein mystisches Gespräch zwischen Jesus und Nikodemus geht.

Die nachfolgend zitierte Passage sollte man vor allem unter dem Aspekt betrachten, dass die Druiden – der Priesterstand innerhalb der keltischen Kultur – die Seelenwanderung lehrten. „Jesus sprach zu ihm: Wahrlich, wahrlich, ich sage dir: Es sei denn, dass jemand von neuem geboren werde, sonst kann er das Reich Gottes nicht sehen.

Da fragt Nikodemus: Wie kann ein Mensch geboren werden, wenn er alt ist? Kann er denn zurück in den Leib seiner Mutter und erneut geboren werden? Jesus antwortete ihm: Wahrlich, wahrlich, ich versichere dir: Nur wer von Wasser und Geist geboren wird, kann in das Reich Gottes kommen" (Joh. 3,3).

Es ist vollkommen legitim anzunehmen, dass die besondere Verehrung, die der heilige Nikodemus in der Bretagne von jeher genießt, auf dieser Nähe zwischen Evangelium und keltischem Glauben beruht. Gleichzeitig ziehen die Bretonen eine enge Verbindung zwischen Nikodemus, Joseph von Arimathia, Jesus und dem Heiligen Gral.

In der Kapelle von Pluméliau wird neben der Auferstehung auch auf diesen Punkt Wert gelegt. Der Heilige Gral – die Schale mit dem vergossenen Blut Christi – ähnelt infolgedessen dem keltischen „Kessel der Fülle". Von ihm heißt es, dass in ihm Leichen wieder zu Leben erwachen, allerdings unter der Einschränkung des Sprachverlusts.

Der keltische „Kessel der Fülle" steht in der Anderswelt, wo die wahre Fülle des Lebens zu finden ist. Eine solche erwartet auch der Christ im Jenseits, hofft auf Verwandlung und Auferstehung. Gralswissen, Gralstheologie bedeutet deshalb, dass Mikro- und Makrokosmos, Himmel und Erde, Universum und Mensch in der magischen Korrespondenz zueinander stehen. Nichts anderes lehrten die Druiden. Und somit wird verständlich, warum sich die Kelten im Gegensatz zu den Germanen oder anderen Völkern fast widerstandslos von christlichen Mönchen bekehren ließen.

In der Stille der Kapelle von Pluméliau meditiere ich über die zuvor zitierte Stelle aus dem Johannesevangelium und über die Frage eines gälischen Barden: „Das erste Wort aus dem Kessel, wann ward es gesprochen?" Erinnert das nicht frappierend an laoistische Konas wie „Was ist der Ton einer klatschenden Hand?", durch das der Schüler jenseits aller linearen Vernunft auf das Eigentliche gestoßen werden soll?

Eine Meerjungfrau am Triumphtor von Sizun

Der kleine Ort mit seinen schiefergedeckten Häusern jenseits eines namenlosen Waldes wirkt irgendwie verschlafen. Aber das mag auch an der Uhrzeit liegen: Es ist zehn Uhr morgens. Ich bin nach Sizun über die D 18 von Le Faou gekommen.

In der Dorfmitte lenkt sofort ein majestätisches Triumphtor mit drei Rundbogenarkaden und einer wuchtigen Balustrade meine Blicke auf sich. Überrascht stelle ich fest, dass ich das Bauwerk mit seinen korinthischen Säulen und Kuppeltürmchen eher in einer beliebigen süditalienischen Stadt erwarten würde als hier im westlichen Finistère.

Das ungewöhnliche Bauwerk zieht mich wie magisch an, da es in einem höchst erstaunlichen Baustil – ganze Kraft und Gleichgewicht – errichtet wurde, der an antike Triumphbögen denken lässt. Erbaut wurde das Tor von Sizun in den Jahren 1588 bis 1590 als Eingang zum örtlichen Friedhof. Interessant ist, dass Sizun keine eigenständigen Calvaires besitzt, sondern durch die Einheit von Triumphtor, Beinhaus und den drei Golgatha-Kreuzen mitten über der Balustrade einen Calvaire besonderer Art darstellt.

An diesem Triumphtor fällt eine „heidnische" Besonderheit auf: eine Meerjungfrau oder Sirene. Sie ist am oberen linken Rand des Triumphtors von der Straßenseite aus gesehen platziert. Auf eine vergleichbare Darstellung stieß ich vor Jahren in der Kirche von Clonfert in Irland.

Auch dort hält sich „hartnäckig" seit Jahrhunderten eine kleine Nixe in einem katholischen Gotteshaus. In Sizun begegnet uns die heidnische Nixe in unmittelbarer Nachbarschaft zu Aposteln und Heiligen. Auf meine Frage, was sie denn dort zu suchen habe, antwortete mir der örtliche Pastor, dass die Sirene das Verderbnis durch die Sünde symbolisiere. Für mich ist sie eher die alte Fee Morgana, die dem Meer entstiegene Göttin aus der Urzeit der Menschheit. In der Bretagne lässt sie sich im Bereich der Kirchen immer wieder blicken, durchbricht dogmatische Glaubensvorstellungen und streckt über die Zeiten hinweg ihre Hände bis zu uns in die Gegenwart aus. Das etwas ältere Beinhaus weist über einer Fensterreihe in Nischen die Statuen der zwölf Apostel auf.

Der untere Teil der Wand ist mit kleinen gewölbten Fenstern verziert, die von vielen teils erschreckenden Figuren der Anderswelt bevölkert werden. An das Beinhaus lehnt sich der schlanke etwa 60 Meter hohe gotische Turm der Kirche Saint-Jullian. Der bretonisch-gotische Stil ist überhaupt schlank, einfach und stark.

Edouard Schuré schreibt: „Die Vorbauten sonst gänzlich nackter Kirchen sind häufig mit einem veritablen Steinbau, einem Flechtwerk aus Stämmen und Blättern überzogen. Es ist dies die Eingangs- und Ausgangspforte für Kinder, Eheleute und Särge; der keltische Genius mit seiner Passion für den Baum, das Symbol des Lebens, und den Stein, das Symbol der Ewigkeit, bedeckt mit schwermütiger Zärtlichkeit die Seelen, die da kommen und gehen. Überall spürt man, dass die Kirche das gemeinsame Haus der Toten und der Lebenden ist, welches die Vergangenheit mit der Gegenwart und der Zukunft verbindet.

In dieser vom Meer, dem Bild der materiellen Unendlichkeit, die gebiert und verschlingt, Schlund des Lichts und des Nichts, besessenen, harten und tristen Bretagne beschwört schon der kleinste, hinter einer Anhöhe aufragende Kirchturm eine andere Unendlichkeit herauf, die der Seele, wo nichts verloren, alles in sich verwirklicht und in Erfüllung geht.“ [45]

Das gefesselte stumme Wesen in La Martyre

Von Sizun aus fahre ich einige Kilometer Richtung Landivisiau und dann auf der D 764 nach La Martyre. Die Kirche ist dem bretonischen Märtyrerkönig Salaün geweiht, der hier am 25. Juni 874 ermordet wurde. Die Kirche selbst macht einen fast unheimlichen Eindruck auf mich, der auch nicht nachlässt, als ich mich dem Portal der Vorhalle und dem sich anschließenden Beinhaus nähere. Beeindruckend die Bibelszenen auf dem Portal: Maria liegt mit entblößten Brüsten im Wochenbett. Das Kind in ihren verschränkten Armen ist verschwunden. Nur ihre Gebärde blieb erhalten.

In der Vorhalle erwartet mich, wie auf der armorikanischen Halbinsel üblich, der Tod am Weihwasserbecken. Nachdenklich schlendere ich zum Beinhaus hinüber, wo mein Blick direkt über dem Eingang auf die in Stein gemeißelten Worte des Todes fällt: „Tod! Gericht! Und kalte Hölle! Denkt der Mensch daran, so muss ihn schaudern. Wer nicht darüber nachdenkt, ist ein Narr. Weiß er doch, dass er sterben muss." Kalt ist die Hölle. Nicht das Element Feuer regiert sie, sondern das Element Wasser.

Ich trete ein in den Kreis der Anderswelt. Und es fällt mein Blick auf eine Gestalt, wie ich sie noch niemals gesehen habe. Wissenschaftlich ausgedrückt, handelt es sich um eine Karyatide, eine Trägerfigur aus dem Jahr 1619, die an der Außenwand so tief angebracht ist, dass ich ihr Aug in Aug gegenüberstehe.

Karyatide klingt wie ein Name für eine Kreatur aus der Zwischenwelt, und genau so sieht sie auch aus. Der Oberkörper der schlanken Frau ist nackt. Die Rippen zeichnen sich deutlich ab. Das Haar fällt ihr in Locken auf die schmalen Schultern. Die Hände hat sie auf dem Rücken sehr fest verschränkt. Oder sind sie gefesselt? Vom Nabel abwärts ist der Körper von festgewickelten Bandagen mumienhaft

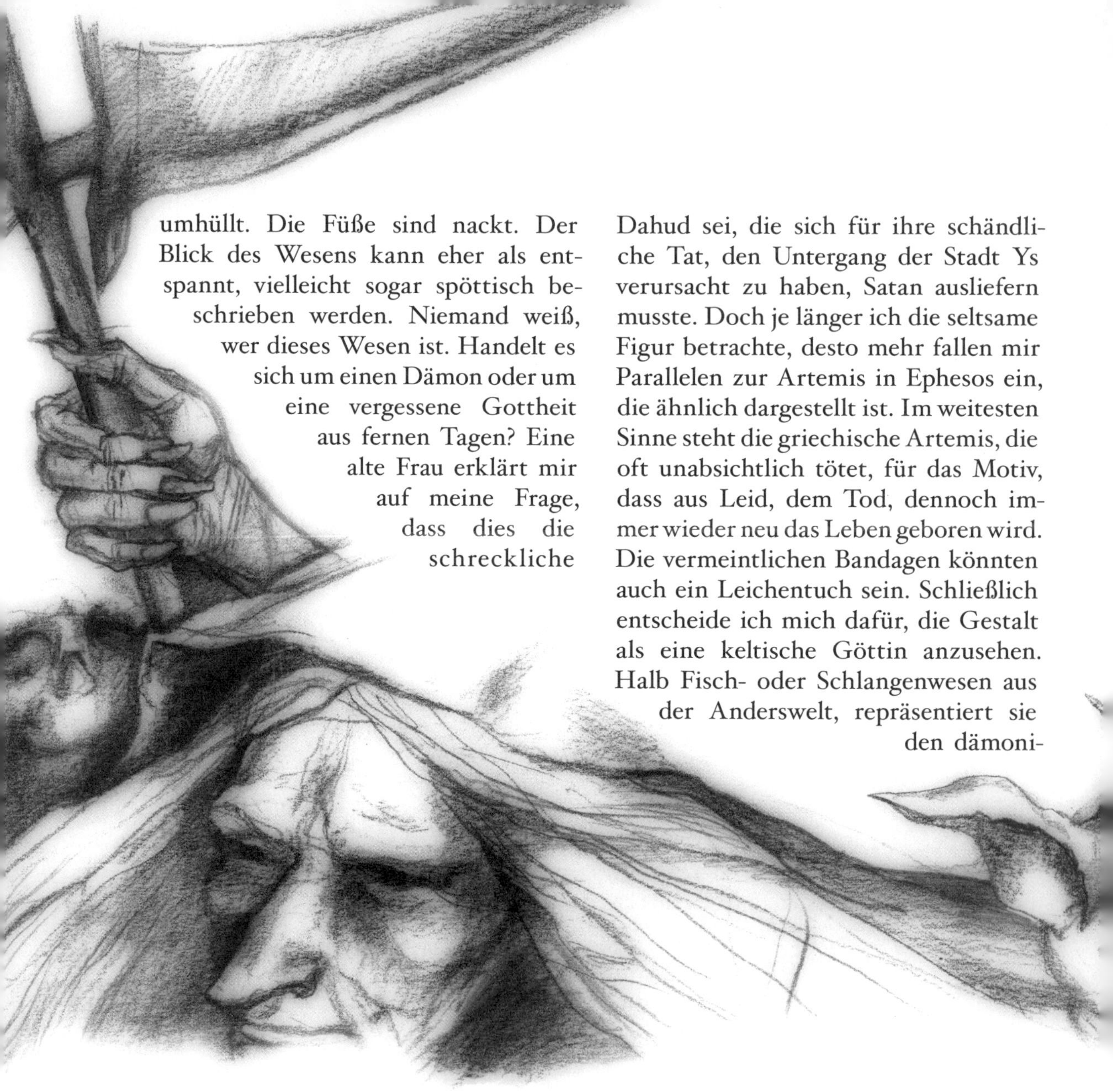

umhüllt. Die Füße sind nackt. Der Blick des Wesens kann eher als entspannt, vielleicht sogar spöttisch beschrieben werden. Niemand weiß, wer dieses Wesen ist. Handelt es sich um einen Dämon oder um eine vergessene Gottheit aus fernen Tagen? Eine alte Frau erklärt mir auf meine Frage, dass dies die schreckliche Dahud sei, die sich für ihre schändliche Tat, den Untergang der Stadt Ys verursacht zu haben, Satan ausliefern musste. Doch je länger ich die seltsame Figur betrachte, desto mehr fallen mir Parallelen zur Artemis in Ephesos ein, die ähnlich dargestellt ist. Im weitesten Sinne steht die griechische Artemis, die oft unabsichtlich tötet, für das Motiv, dass aus Leid, dem Tod, dennoch immer wieder neu das Leben geboren wird. Die vermeintlichen Bandagen könnten auch ein Leichentuch sein. Schließlich entscheide ich mich dafür, die Gestalt als eine keltische Göttin anzusehen. Halb Fisch- oder Schlangenwesen aus der Anderswelt, repräsentiert sie den dämonischen Aspekt der Muttergottheit. Sie an einem christlichen Beinhaus zu sehen, finde ich merkwürdigerweise tröstlich und dieser Umstand lässt mich zufrieden lächeln.

Gedanken zu einem Beinhaus: Der Tod in La Roche-Maurice

„Ein Geiernest auf einem Bergesgipfel", urteilte der Schriftsteller Flaubert über die auf einem steilen Felsen erbaute Burg La Roche-Maurice, die schon vor Jahrhunderten zu Ruinen zerfiel. Ich bin die Straße zur Burg bei Sonnenuntergang hochgefahren und genieße die verführerische Perspektive auf das Elontal und den wie unwirklich anmutenden Marktflecken La Roche-Maurice. Das Licht der sinkenden Sonne spielt mir phantastische Streiche. Mühelos verwischt es die Spuren der Neuzeit und lässt mich einen Ort sehen, in dem sich seit dem Mittelalter nichts verändert zu haben scheint. Verblüffend auch der Kirchturm von Saint-Yves mit seiner doppelten Glockenkammer und den beiden gestuften, von Balustraden gezierten Galerien unterhalb eines spitzen Turmhelms. Ich weiß, da unten im Inneren der Kirche erwarten mich Chimären und bizarre Monster, an der Decke himmlische Gestalten und goldene Sterne. An einigen Wänden sind Szenen aus dem Alltag festgehalten, hartes Landleben und Tod, aber auch Vergnügliches. Das Leben, der Glaube, die Phantasie, die Passion, der Wahn, das Schreckliche, das überirdisch Schöne haben im Innern der Kirche seit Jahrhunderten ihren festen Platz.

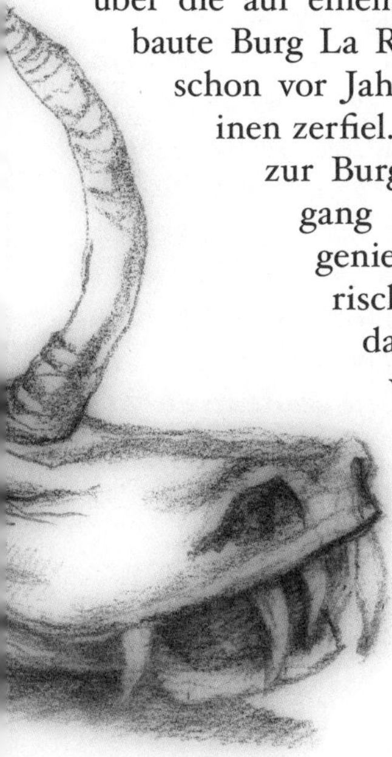

Von der Darstellung des Todes als dürres Gerippe am Beinhaus mit der Drohung „Ich töte euch alle!" war schon eingangs dieses Kapitels die Rede gewesen. Sie hat ihre Wirkung

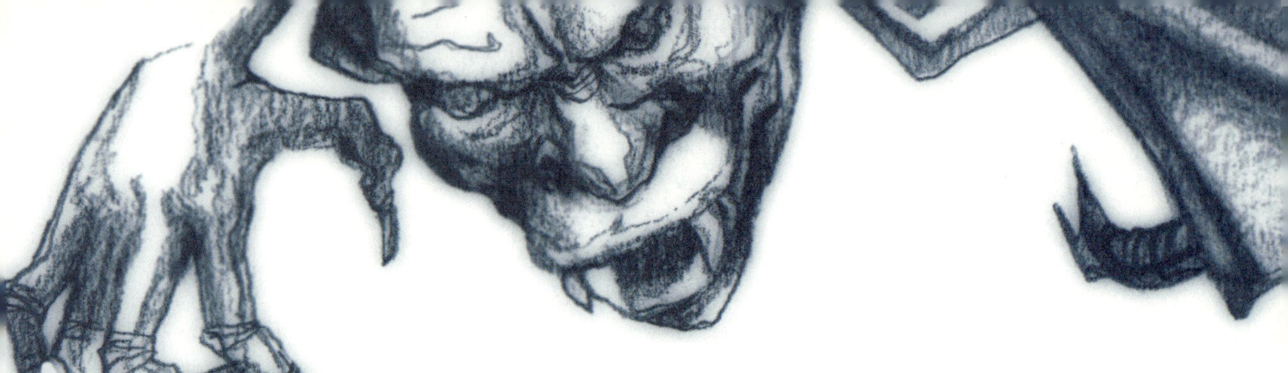

auch heute noch nicht verloren und geht einem unter die Haut. Ich hocke hoch oben auf einer brüchigen Mauer des „Geiernestes" und sehe den Tod am Beinhaus deutlich vor mir. Wie viele Augen mögen ihn wie ich gesehen haben? Menschen, längst zu Staub geworden, haben vielleicht wie ich versucht, das steinerne Skelett über dem Weihwasserbecken zu berühren in der falschen Hoffnung, seine Macht dadurch bannen zu können. Doch das „Ich töte euch alle!" lässt keinen Zweifel aufkommen. Niemand entgeht der Macht des Ankou. Und ich hole mir den vom Wind und Regen verwaschenen Totenkopf so deutlich wie

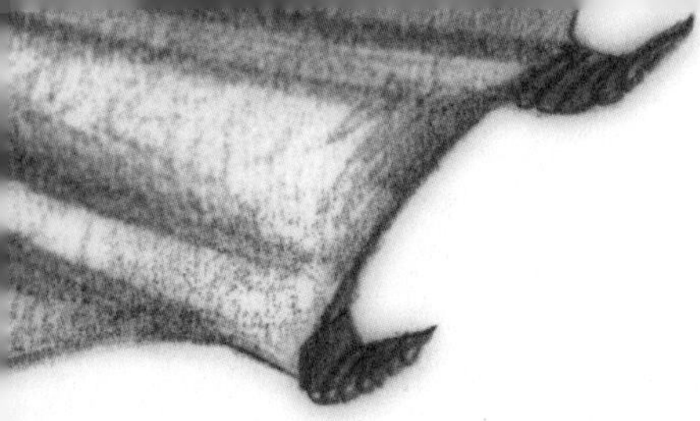

möglich in meine Erinnerung zurück. Ja, ich täusche mich nicht. Die leeren Augenhöhlen und der zahnlose Mund grinsen den Betrachter spöttisch an. Sind wir deshalb nur Verlorene? Blätter im Wind? Oder will uns der mächtige Ankou durch seine Schreckensgestalt bloß prüfen – wer auf mich reinfällt, ist's selber schuld? Denn es gilt mehr denn je das Wort des Griechen Euripides: „Wer weiß, ob unser Leben nicht ein Tod nur ist, Gestorbensein dagegen Leben?" „Ich töte euch alle", schreit Ankou am Beinhaus von La Roche-Maurice, „denn ihr seid bloß auf der Durchreise!" Das will man bei Sonnenuntergang gern glauben.

Eine verwunschene Abtei: Beauport

Sie besticht durch ihre romantische Schönheit: die alte Abtei von Beauport, die im 13. Jahrhundert von den Mönchen des Prämonstratenserordens zwei Kilometer südöstlich von der Hafenstadt Paimpol gegründet wurde.

Seit 1790, den Zeiten der Revolutionswirren, liegt die weitläufige Abtei verlassen. Nachhaltig beeindruckt sie durch ihre gotischen Arkaden, um die sich wilder Efeu rankt, den Kapitelsaal und die Ruinen des Kreuzgangs, zwischen und in denen meterhohe Farne und Hortensienbüsche blühen.

Umgestürzte ritterliche Grabreliefs lugen unter den Gräsern hervor, eine riesige 300 Jahre alte Esche spendet Schatten und in den Kellergewölben stößt man immer wieder auf Skulpturen aus Marmor, zerborstene Säulen, Kapitelle mit Blättermotiven und uralte Gräber. Eine wahrhaft verwunschene Glaubensstätte, die vor allem dadurch fasziniert, dass hier eben nicht peinlich genau restauriert und aufgeräumt wurde. Neben dem obligatorischen Granit besteht ein Teil der Abtei aus grünem vulkanischen Gestein – Silonit –, das die Mönche von den umliegenden Inseln herangeschafft haben.

Die zwei liegenden Grabfiguren sind Darstellungen der Herren von Kergrusant, Tempelrittern, die in der Abtei begraben wurden, weil sie den Mönchen Ländereien überließen.

Während ich über Mauerreste steige, den ehemaligen Klostergarten durchstreife, durch Fensterbogen spähe, ausgetretene Stufen betrete, die zu keiner Kanzel mehr führen, betört mich immer mehr der ungewöhnliche Zauber dieser romanisch-gotischen Abteiruine, in die sich im Laufe der Zeit ein üppiger grüner Pflanzenteppich hineingeschoben hat. Mittelalterliche religiöse Architektur und wuchernde Natur haben sich zu einem neuen „Gesamtkunstwerk” zusammengefunden. Alle Sinne werden angesprochen, ganz besonders aber das Auge. Doch nicht nur Fotografen müssten hier „ausflippen", sondern jeder, der sich auf eine magische Reise des Erlebens begeben will. Die verwunschene Abtei von Beauport macht einfach Lust dazu.

Die barbusige Jungfrau am Calvaire von Tronoën

Auf den kargen Salzwiesen im Süden der Bucht von Audierne erheben sich einsam hinter einem steinigen Küstenstreifen die Kirche und der Calvaire von Tronoën an der Stelle einer gallischrömischen Siedlung. Forscher vermuten hier sogar die Existenz eines ehemaligen Venustempels, was einen interessanten Aspekt auf die ungewöhnliche Darstellung der Jungfrau Maria wirft.

Mit gelöstem Haar, nacktbrüstig, die Decke des Bettes, in dem sie liegt, bedeckt gerade einmal ihren Bauchnabel. Ein Engel oder gar der Gottessohn selbst, der eine Weltkugel in seiner Linken hält, spricht zu ihr. Der Calvaire von Tronoën ist der älteste in der Bretagne und man datiert ihn allgemein auf das Jahr 1450. Er besteht aus einem quaderförmigen massiven Sockel mit zwei umlaufenden Reliefriesen. Sie zeigen eine Folge von in Granit gearbeiteten Szenen, von der Verkündigung bis zur Kreuzigung. Auf der Plattform erheben sich drei Kreuze und einige Heiligenfiguren.

Bei Jesu Abstieg in die Hölle – repräsentiert durch ein scheußliches Monster – begleiten ihn Adam und Eva. So wurden hier Leben und Sterben Christi wahrscheinlich zum ersten Mal unter freiem Himmel auf einem „steinernen Golgatha" dargestellt. Die meisten Figuren sind von Regen und Wind, salziger Gischt zernagt, das Deutliche verwischt und den Gestalten ist ein gemeinsamer Zug ins Unwirkliche gegeben.

Faszinierend jedoch bleibt die Darstellung der Maria. Halbnackt gleicht sie eher der antiken Venus als der katholischen Muttergottes. Alle Forscher, die den Calvaire untersucht

Abtei Beauport

haben, sind sich einig, dass seine freizügige Darstellung auf die antiken Muttergottheiten zurückzuführen ist. Dass die bretonischen Christen damit offenbar überhaupt keine Glaubensschwierigkeiten gehabt haben, beweisen ähnliche Darstellungen der Jungfrau an anderen Orten, von denen allerdings die Skulptur am Calvaire von Tronoën trotz ihres hohen Alters die besterhaltene ist.

Einige Kilometer östlich von Locronan wird die heilige Vennec im gleichnamigen Ort sogar mit drei Brüsten dargestellt, was den Aspekt einer „Allernährerin" eindrucksvoll unterstreicht (D 770, Richtung Chateaulin).

Aber zurück zum Calvaire von Tronoën. Sollte die Person zu Marias Füßen ihren leiblichen Sohn darstellen, so erinnert die Heilige Jungfrau mehr denn je an Isis mit dem Horusknaben. Dass der Calvaire an einem seit Jahrtausenden der Liebesgöttin geweihten Ort steht, zeigt, wie stark die Kräfte der Erde auf die Seelen der Menschen einwirken: Unter einem anderen Namen, einer anderen Religion gar entblößt sich vor aller Augen das „ewige Weibliche" und zieht hinan, wer intuitiv zu sehen versteht.

Das „schreckliche" Haus Gottes: Kirche und Calvaire von Guimiliau

Für mich ist dieser „Enclos paroissial" der schönste und aufregendste zugleich. Ich habe hier Stunden verweilt, um mir möglichst kein Detail des Bilder- und Figurenreichtums entgehen zu lassen. Wie schreibt doch Ernest Renan in seinen Jugenderinnerungen: „Die Religion ist die Form, unter der die keltischen Rassen ihren Durst nach dem Ideal stillten. Kein Volksstamm hat ein unabhängigeres religiöses Empfinden." [46]

Die Figurenvielfalt in Guimiliau (1581 – 1588) wird von keinem anderen bretonischen Calvaire übertroffen. Jemand hat einmal angesichts der 171

Darstellungen von einem „machtvollen theatralischen Atem" gesprochen, der hier zu spüren sei. Britta Werner-Langer meint gar, dass die Figuren so lebendig seien, „als könnten sie jeden Augenblick herunterspringen und davonlaufen".

Sie haben alle Recht. In Guimiliau erreicht das mittelalterliche Mysterienspiel seine dramatische Steigerung. Sein Bildprogramm veranschaulicht rund 20 Begebenheiten von Christi Geburt bis zur Auferstehung. Doch die interessanteste Szene ist die der Katell Gollet oder Katharina der Verdammten, die es „mit dem Teufel getrieben hatte".

Die arme Frau wird von schrecklichen Unterweltwesen, mit scharfen Krallen und Heugabeln bewaffnet, in den mit riesigen Zähnen gespickten Höllenrachen getrieben. Katharina selbst wirkt in diesem Kontext ungemein modern. Der Betrachter erkennt eindeutig ein Individuum in ihr. Im Übrigen ist sie sinnlich dargestellt, ähnlich wie die Maria am Calvaire von Tronoën: nackt und vollbusig mit offenem Haar – eine schöne Frau. Die Geschichte der Katell ist rasch erzählt. Ihre Schönheit und ihre leidenschaftliche Lust zu tanzen haben sie in den Untergang getrieben. Lange Zeit widersetzte sich Katell allen Bemühungen ihres Vaters, sie zu verheiraten. Schließlich versprach sie demjenigen die Ehe, der es schaffte, zwölf Stunden ununterbrochen mit ihr zu tanzen.

Niemand bestand die Probe; die meisten starben vor Erschöpfung. Darüber geriet der Volkszorn so sehr in Wallung, dass der Vater das lebenshungrige Mädchen einsperrte. Aber Katell konnte einen jungen Mann überreden, sie zu befreien. Dann stellte sie ihn als ihren Verlobten vor und begann mit ihm zu tanzen.

Als auch er Stunden später tot zu Boden fiel, rief Katell aus: „Ja, zum Teufel, gibt es denn keine Musikanten und Tänzer, die meiner würdig sind?" In diesem Augenblick betraten zwei rot- und schwarzgekleidete Herren die Tanzfläche. Einer blies in den Dudelsack und spielte schreckliche, nie gehörte Melodien. Der andere nahm Katell in die Arme und tanzte mit ihr. „Irgendwann nach langer Zeit, ließen ihre Kräfte nach; der Fremde hielt sie mitleidslos fest, und weiter ging es, immer weiter, bis sie kraftlos und erschöpft aus seinen Armen glitt und auf die Wiese fiel.

In diesem Moment waren auch der Fremde und der Dudelsackspieler verschwunden, hinter den Eichen leuchtete es hell auf, Salpetergeruch verbreitete sich, und ein Unwetter brach los. Entsetzt und hastig brachte sich alles in Sicherheit, und am nächsten Morgen fand man Katell tot auf der Wiese liegend." [47]

Es sind die bekannten Aspekte, die hier zutage treten: Das Mädchen/die Frau, die sich gegen die Dominanz des Vaters auflehnt und deren Lust keine Grenzen zu kennen scheint – Männer tanzen reihenweise in ihr Verderben. Das muss ja Angst machen und insofern kann diese verdammenswerte Sünderin nur zur Abschreckung aller braven Christinnen dienen. In der Geschichte wird zudem spürbar, dass hier zwei Lebensanschauungen aufeinander prallen: eine sehr alte und eine junge, importierte. Die ältere muss schließlich unterliegen. Ihre Inhalte waren geprägt davon, dass Ankou die Mitte eines langen, mit sinnlichen und rauschhaften Elementen durchsetzten Lebens ist.

Diese weise Religion wird von der Anschauung vernichtet, dass Ankou ein stets drohender, vernichtender Tod sei und sich somit als Hauptbestandteil einer offiziellen, kalten Lehre enthüllt. Katell ist nichts anderes als ein Sinnbild für die alte keltische Religion, und dass sie sozusagen „zwischen den Zeilen" der Friese am Calvaire von Guimiliau erscheint, deutet ein subtiles Aufbegehren der damaligen Bevölkerung an.

Es gibt noch weitere Überraschungen am Guimiliau. Ein intensives Studium ist auch beim Portalbau der Kirche notwendig. Bei näherem Hinsehen zeigt sich nämlich, dass es an den Portalbogen von Figürchen nur so wimmelt. Im Halleninneren erkennt man gleichfalls erst auf den zweiten Blick die ungeheure Vielfalt von Masken und feinen Reliefs unterhalb der Apostelstatuen. Viele Gesichtszüge wirken keltisch und überhaupt wird die keltische Mythologie immer wieder einer Urgewalt gleich in die Darstellung hineingebracht. Bei der Verführung durch die Schlange im Paradies erscheint diese Adam und Eva in Gestalt der Morgana, der alten Meeresgöttin.

In der Mitte eines Ensembles besonders schrecklich aussehender Unterweltswesen steht eine denkwürdige lateinische Inschrift, die übersetzt lautet: „Oh, wie furchtbar ist dieser Ort! In Wahrheit ist er nichts anderes als das Haus Gottes."

Darunter, in der Vorhalle, versammelte sich früher der Kirchenrat unter der Leitung des Dorfpfarrers und beriet über die weltlichen Probleme der Gemeinde. Den Calvaire von Guimiliau werde ich immer wieder aufsuchen. Er reflektiert die bretonische Seele und ich bin davon überzeugt, dass sie hier ihren Kampf gegen die Materie durch ihren tiefen, unerschütterlichen Glauben, der in den frühen Tagen der Menschheit wurzelt, triumphal beendet hat.

Wo die Liebe den Totentanz unterbricht: Kermaria-an-Iskuit

Zwanzig Kilometer nördlich von Saint-Brieuc liegt der Ort Plouha, der über bronzezeitlichen Siedlungsrelikten entstand. Etwa in der Mitte des Ortes biegt man auf die D 21 zum Dorf Kermaria ab. Die Kapelle dort wurde im 13. Jahrhundert von einem Kreuzritter gestiftet und der „heilenden" Maria geweiht. Die Muttergottes wird seit Jahrhunderten von Menschen angerufen, die schwer erkrankt sind. Ihre Statue im Innern des Gotteshauses zeigt sie als „schmerzensreiche Mutter": mit einem von sieben Messern durchbohrten Herz. (Besucher mögen sich wegen des Schlüssels an die alte

Gisèle [gardienne] wenden, die jenseits des kleinen Wäldchens gegenüber der Kapelle in der ersten Straße links, viertes Haus rechts wohnt.) Berühmt ist die Kapelle für ihre Freskomalereien im oberen Teil des Kirchenschiffs. Dort tanzen 47 Figuren aus allen gesellschaftlichen Schichten eine Art Sarabande mit dem Tod, einem grimmigen Knochenmann.

Als Farben wurden Ocker und dunkelbraune Töne verwendet, was den Eindruck des Makabren noch verstärkt. Auf der rechten Wand sind in den Totentanz ausschließlich Menschen mit großer weltlicher Macht eingebunden: Papst, Kaiser, Kardinal, König, Patriarch, Richter, Erzbischof, Ritter und Bischof. Interessanterweise trägt der Tod nur zwischen Richter und Erzbischof Kleidung.

Junker, Abt, Bürger und Astrologe haben leider als Fresko aufgehört zu existieren. Auf der linken Seite sind die Ärmeren der Gesellschaft abgebildet: Kartäusermönch, Soldat, ein Armer,

Das Relief am Gotteshaus von Guimiliau

ein Musikant, ein Liebespaar, ein Franziskaner. Beim Liebespaar ist der Platz des Todes ausgespart. Statt dessen folgt unmittelbar der Musikant, ein Künstler. Damit wird die Philosophie, die dem Fresko innewohnt, deutlich: Alles wird vergehen, der Papst, der Mönch, der einfache Mann und der Reiche. Nur eines bleibt bestehen, selbst vor dem Schrecken des Knochenmanns: nämlich die Liebe. Sie ist unsterblich!

In der Mitte des Kirchenschiffs ist eine Falltür angebracht, die Besucher häufig übersehen, weil sie einem erst auf den zweiten Blick auffällt. Vier große Stufen führen hinunter in einen engen, gemauerten Raum, von dem es einst einen Verbindungsgang zum fünf Kilometer entfernten Schloss Noe gab, das zwischen Lanloup und Pléhédel liegt und dem Adligen Guillaume de Galhouet gehörte.

Am 17. September 1963 wurden bei Restaurierungsarbeiten in einer Wand hinter einem herzförmigen Stein zwei Metallkästchen gefunden. Sie enthielten zwei mumifizierte menschliche Herzen, dazu zwei Haarlocken. Der edle Ritter Guillaume de Galhouet hatte einst verfügt, dass er auf diese Art und Weise zusammen mit seiner Frau beerdigt werden wolle. Dies geschah dann am 3. November 1729. In allen bretonischen Kirchen, aber besonders in Kermaria, spürt der Besucher, dass diese alten ehrfürchtigen Häuser aus Granit gleichermaßen für die Lebenden und Toten errichtet worden sind und Vergangenheit und Zukunft miteinander verbinden. Herr dieser Welt ist Ankou. Ankou thront in der Mitte der Zeit, ist das Herz, das schlägt, wird zur Mitte des bretonischen Lebens und beschwört seit Jahrtausenden die Wirklichkeit der Seelen herauf – eine Wirklichkeit, „wo nichts verloren, alles sich verwirklicht und in Erfüllung geht".

MYTHOS, RÄTSEL UND WILDES SEIN

Die ungewöhnlichen Dinge, Erscheinungen, archäologische Rätsel, von denen ich in diesem, dem letzten Kapitel erzähle, reihen sich längs einer imaginären Fahrtroute vom Osten zum Westen der Bretagne auf. Geographisch gesehen sind die ersten vier Themen auf engstem Raum versammelt, ebenso die Themen fünf bis acht, neun und zehn, während Locronan ganz im Westen den Abschluss bildet.

Das Geheimnis um Chateaubriands Katze

„Das ganze Schloss hatte die Form eines vierrädrigen Wagens. Die Fenstereinschnitte waren so tief, dass sie kleine Kabinette formten, die um Granitbänke liefen... Überall im Schloss drohten geheime Treppen und Gänge, Verliese und Wehrtürme, ein Labyrinth offener und überdeckter Korridore, vermauerte Keller mit unbekannten Abzweigungen. Überall Schweigen, Dunkelheit und das Antlitz des Steins." [48] Combourg ist ein typisch bretonisches, mit seinen gut erhaltenen mittelalterlichen Hausfassaden ganz besonders hübsches Städtchen: klein, mit zahlreichen engen Gassen, auf deren blankem Kopfsteinpflaster die Schritte der Menschen hallen wie in einem Dom.

Überragt werden die alten Hausdächer von den vier granitenen Türmen des Schlosses aus dem 11. Jahrhundert, das sich seit den Tagen François-René de Chateaubriands kaum verändert haben dürfte. Inmitten eines ausgedehnten verwunschenen Parks mit halb überwachsenen umgestoßenen Menhiren zeigt sich, wenn man sich ihm vom Norden her nähert, zwischen zwei Baumgruppen das alte Feudalschloss. Hier verbrachte der Schriftsteller, Politiker und Philosoph Chateaubriand (1768 – 1848) die entscheidenden Jahre seiner Kindheit und Jugend.

„In Combourg bin ich das geworden, was ich bin, hier habe ich den ersten Anfall jener Sehnsucht erlitten, die mich mein Leben lang plagte, jener Schwermut, die die Qual und die Seligkeit meines Lebens ausmachen sollte.“ [49] Chateaubriand hatte ein paar Bücher geschrieben, die ihm zu seiner Zeit fast uneingeschränktes Lob einbrachten. Sogar Napoleon Bonaparte schätzte seinen Stil. Chateaubriands Hauptwerk war jedoch erst nach seinem Tode erschienen: die Biographie. In ihr spiegeln sich drei Epochen der französischen und europäischen Geschichte wider. Die Französische Revolution, die Zeit Napoleons und die Restauration: An der schriftlichen Darstellung seines Lebens hatte der politisch engagierte Autor fast vierzig Jahre lang gearbeitet. Schließlich nannte er sie „Denkwürdigkeiten nach dem Tode [Erinnerungen]“ – ein Titel, der Gewissheiten suggeriert.

Das berühmte Buch liest sich, was Stil, Auffassung und Sprache anbelangt, überraschend modern. Immer wieder stößt der Leser auf die melancholischen Äußerungen eines vom Leben und von den Menschen enttäuschten Verfassers: „Das Leben ist eine unaufhörliche Pest. Die Kette aus Trauerfällen und Begräbnissen, die uns drücken, reißen niemals ab, sie wird immer länger: wir selbst bilden nur eines dieser Glieder. Wir tauchen in den Ozean einer Glückseligkeit, von der jede Minute zwischen unablässig erneuerten Gräbern einherrinnt.“ [50]

An einem sonnigen Tag mit einem fast wolkenlosen Himmel bewege ich mich mit anderen Besuchern über die breiten Stufen der Treppe auf den Eingang des Schlosses zu. Nur etwas mehr als 30 Interessenten werden zur Führung eingelassen; die anderen müssen sich draußen auf der Freitreppe gedulden. Schlossführungen finden in den Sommermonaten stündlich statt. Der Andrang ist groß.

Interessiert höre ich den Ausführungen des Studenten zu, der sich wegen der Kinder mit einem wiederholten „Stay silent, please!" Aufmerksamkeit verschaffen muss. Von der Eingangshalle aus betreten wir linker Hand eine kleine Kapelle, in die sich Chateaubriands Mutter gern zu Gebeten zurückgezogen hat.

Gemälde schmücken die mit grünen Stoffen verkleideten Wände. Durch ein spätgotisches Fenster aus rautenförmigen dunkelblauen, karminroten und farblosen Glasscheiben fällt das Licht herein und taucht jeden Gegenstand, den es streift, in einen schwermütig schönen Schimmer. Die Luft ist stickig. Ich kann mich in dem überfüllten Raum kaum bewegen und fühle mich unbehaglich. So bin ich froh, als es nach einem an dieser Stelle schier endlos erscheinenden Vortrag endlich weitergeht.

In einem ansonsten spärlich möblierten Zimmer stehen Chateaubriands Sterbebett und sein Schreibtisch mit der berühmten schwarzen Katze darauf, die ihn sein Leben lang beeindruckt hat und der meine besondere Aufmerksamkeit gilt. Mit ihr verbindet sich eine höchst seltsame Geschichte.

Der kleine François-René hatte ein Zimmer im westlichen Schlossturm bewohnt, in dem es angeblich spukte. Die Dienerschaft war überzeugt, dass ein gewisser, schon vor Jahrhunderten Verstorbener Comte de Combourg mit einem Holzbein zu bestimmten Zeiten erscheinen würde. Sein Holzbein sei zuweilen sogar ganz allein in Begleitung einer schwarzen Katze spazieren gegangen. Dieses Tier hatte sich Chateaubriand später, als er französischer Gesandter in London war, aus Gips und schwarz lackiert für seinen Schreibtisch nachbilden lassen. Kleine Modelle davon können beim Kartenlösen gekauft werden. Der Turm, in dem Chateaubriand als Kind lebte, hieß bereits von alters her „Tour du chat" - Katzenturm.

Alle, die den Katzenspuk jetzt mit einem müden Lächeln abtun möchten, werden sich mit einer höchst befremdlichen Tatsache auseinander setzen müssen. Denn merkwürdigerweise wurde knapp 40 Jahre nach Chateaubriands Tod in eben jenem Turm bei Restaurierungsarbeiten der mumifizierte Kadaver einer Katze entdeckt. Sie musste ebenso alt wie der Turm sein, also 700 Jahre. Das Tier kann heutzutage in einer Vitrine im Schloss besichtigt werden.

Und da liegt sie nun – mumifiziert, der gelbliche Körper eingefallen, das Maul im Todeskampf weit aufgerissen, dass einen die spitzen Zähne wie Dolche anstarren. Jener Kadaver, den Chateaubriand nur als Spuk gesehen hat und vor dem er sich zum Gespött seines Vaters Nacht für Nacht gefürchtet hat. Wie hätte er auch ahnen können, dass sich nur wenige Zentimeter von seinem Kopfkissen entfernt, in der Wand des Turmzimmers, die Überreste eines Tieres befanden, das dort lebendig eingemauert worden war! Warum? Niemand wird dies beantworten können. Aber Chateaubriands Katze ist ein weiteres Beispiel dafür, dass Spuk auf erlittenem Unrecht beruht und eben deshalb nicht zur Ruhe kommen kann, mag es sich dabei um Menschen oder wie in diesem Fall um ein Tier handeln.

Der Marstempel in Corseul

Corseul an der Côte d'Armour – etwa zehn Kilometer von Dinan entfernt – steht auf uraltem historischen Grund. Immerhin hatten hier zur Keltenzeit die Curiosiliten ihren Hauptort, worauf einige antike Plastiken, zum Teil in den örtlichen Kirchen oder im Museum zu sehen, hinweisen. Eine archäologische Besonderheit stellt der Tempel des Mars dar, den Wissenschaftler auf das erste nachchristliche Jahrhundert datieren. Er steht inmitten eines Feldes, das wohl noch vor kurzem zu einem verfallenden Hof in der Nähe gehört haben mag. Während von dem ehemaligen bäuerlichen Anwesen in hundert Jahren nichts mehr zu sehen sein wird, zeichnet sich das alte Heiligtum halb zerstört ab. Mittlerweile stützen einige Holzbalken seine Außenmauern, aber das unterstreicht eher noch den Eindruck seiner fremdartigen Architektur. Er wirkt irgendwie unirdisch.

An einer Stelle in der dicken gelblichen Ziegelmauer stoße ich auf eine lateinische Grabinschrift, die besagt, dass sich hier Silicia Namgidde, obwohl in Afrika gestorben, zusammen mit ihrem Sohn habe begraben lassen. Sie – seine Mutter – sei 65 Jahre alt geworden.

Archäologen erklären, dass der Tempel einst das Zentrum einer blühenden Handelsstadt gewesen sei, von der heute absolut nichts mehr vorhanden ist – nur der verwaiste Tempel des Kriegsgotts, dessen Ruinen unter Kennern als die schönsten gallisch-römischen in der Bretagne gelten. Das Grab der Mutter, die ihren Leichnam von Nordafrika bis ins Herz der armorikanischen Halbinsel bringen ließ, nur um ihrem Sohn im Tode nahe zu sein, wurde bislang noch nicht entdeckt. Warum auch? Ist es nicht viel wichtiger, dass im Tempel des schrecklichen Kriegsgottes eine Liebe zwischen Mutter und Sohn ihre letzte Ruhestätte gefunden hat? Und nicht einmal Mars wird zerstören können, was tröstlich ist.

Rätsel um die steinerne Venus

Sie habe eine „sowohl barbarische als auch feine Sinnlichkeit“. Das sagte der französische Schriftsteller Gustave Flaubert über eine rätselhafte Figur, die er auf seinen Wanderungen durch die Bretagne im Frühjahr 1847 in Baud besuchte. Gemeint ist eine bis heute geheimnisumwitterte Statue: die so genannte Venus von Quinipily, die angeblich immer noch verehrt wird. Die Skulptur befindet sich einige Kilometer westlich von Baud, abseits der Straße nach Hennebont, auf dem Grundstück eines Bauernhofs, der selbst wiederum auf dem Gelände eines verfallenen Schlosses erbaut wurde. Es handelt sich bei der „Venus“ um ein etwa zweieinhalb Meter großes Standbild aus grauem Granit, fast nackt und nur mit einem vom Haar über die Schultern bis vor die Scham herabhängenden Schal versehen.

Die Gestalt wirkt nicht besonders erotisch, ist eher plump anzusehen und steht aufrecht auf ihrem Postament hoch über einer riesigen Brunnenschale. Merkwürdig sind die mageren Arme und das breite Gesicht, das wegen der leicht mandelförmigen Augen an asiatische Göttinnen denken lässt. Eine gewisse Ähnlichkeit besteht auch mit Skulpturen der Maya.

Auf jeden Fall übt die „heidnische“ Statue schon seit Jahrhunderten einen großen Einfluss auf die Bauern in der Umgebung aus. Ja, die Bretonen sollen sogar einen regelrechten Kult um die Venus von Quinipily betrieben haben – was selbstverständlich bei der katholischen Geistlichkeit auf Missbilligung stieß. Angeblich handelte es sich vor allem um sexuelle Praktiken, ausschweifende Tänze und schamlose Fruchtbarkeitsriten. Die wenigen kirchlichen Dokumente bezeichnen die Rituale als heidnisch und schamlos.

Auf Geheiß der Obrigkeit wurde die Statue im 16. Jahrhundert mehrmals in den Fluss Blavet geworfen, aber immer wieder auf Druck vonseiten der Bevölkerung herausgefischt. Eine geplante Zerstörung der „Venus“ scheiterte an der Furcht der Handwerker vor der steinernen Figur.

1696 ließ ein bretonischer Graf mit dem Namen Pierre de Lannion die „Venus“ neu behauen. Es heißt, er habe sie „entschärft“, indem er die Steinmetze anwies, ihre riesigen Brüste zu verkleinern – worin ein Grund für die heute so ungeschlacht wirkende Figur liegen könnte. Anschließend wurde sie im Schloss des Grafen in Quinipily auf ihren vier Meter hohen Sockel gestellt. Den Schriftsteller Prosper Mérimée inspirierte die Statue zu einer phantastischen Novelle. Darin schreibt er: „Verachtung, Spott, Grausamkeit; alles zusammen sprach aus diesem Antlitz. Sein Ausdruck hat etwas von einer reißenden Bestie, und doch habe ich noch niemals etwas so Schönes gesehen.“ [51]

Diese beiden widersprüchlichen Aspekte sprechen für eine gallische Muttergottheit. Andere vermuten, dass sie von ägyptischen Angehörigen der römischen Legionen als Verkörperung der Isis aufgestellt worden ist. Einige Experten verweisen auf die Ähnlichkeit mit auf den griechischen Kykladen entdeckten Figuren aus dem achten vorchristlichen Jahrhundert.

Verbindungen zwischen der Bretagne und, beispielsweise, Naxos? Warum nicht, wenn schon der Kult des griechischen Apollon nachweislich bis nach Stonehenge gelangte! Für Verwirrung sorgt im Zusammenhang um die Herkunft der Göttin ein Artefakt, das man Mitte des letzten Jahrhunderts an einer anderen Stelle auf der Halbinsel barg. Bei Renovierungsarbeiten entdeckte man unter dem Eingang einer Kapelle in Langon eine kleine Statue, die der „Venus“ verblüffend ähnelt. Also doch ein weit verbreiteter Kult? Archäologen vermuten im Übrigen, dass die christliche Kapelle auf dem Fundament eines alten Venustempels errichtet wurde.

Zufall? Sicherlich nicht. Denn immer wieder „stolpert“ der Kundige bei den Reisen durch die Bretagne über das machtvolle Wirken antiker Muttergottheiten, deren Einfluss noch bis in die heutige Zeit zu reichen scheint: Dahud, Morgana, Venus, Aphrodite, Sirona, Isis… „Sie werden immer angebetet und sie tanzen dazu die verbotenen Tänze wie früher“, erzählt eine Bäuerin aus Baud hinter vorgehaltener Hand. Und sie versichert, dass auch die alten Rituale an bestimmten Tagen des Jahres vor der „Venus“ abgehalten würden.

Die „Dame Blanche“ vom Manoir de Tertre

Eine ungewöhnliche Geschichte gibt es zu erzählen, eine, bei der ganz offensichtlich Übersinnliches mit im Spiel ist. Als Schauplatz fungiert ein renommiertes Hotel bei Paimpont: das Manoir de Tertre. Das schlossähnliche Gebäude – übersetzt heißt es in etwa „Herrenhaus auf dem kleinen Hügel“ – wurde 1640 im Herzen des Brocéliande-Waldes errichtet.

Gäste, die zum ersten Mal das gemütliche Hotel mit den alten Möbeln, der knarrenden Holztreppe, die in die oberen Gemächer führt, und dem offenen Kaminfeuer im Empfangssaal betreten, begegnen zwangsläufig dem lebensgroßen Portrait einer ganz in weiß gekleideten Dame: der „Dame Blanche“.

Das Bild hängt über der Rezeption und zeigt eine echte Druidin, die von 1919 bis 1966 hier gewohnt hat. Sie hieß Geneviève Zaeppfel und versuchte zeit ihres Lebens, die keltische Religion mit mehr oder weniger Erfolg im Lande zu erneuern. Auch hat sie ein Buch à la Nostradamus mit Voraussagen über das Weltgeschehen bis über das Jahr 2000 hinaus veröffentlicht.

Aber auch über ihren Tod hinaus hat die Druidin ihre Macht bewahrt, und Hervé Guggenheim, der jetzige Besitzer des Manoir de Tertre, erzählt mir, warum: „Ich muss so neun Jahre alt gewesen sein, als ich der geheimnisvollen Geneviève zum ersten Mal begegnete. Damals waren meine Eltern mit mir auf Urlaub im Gebiet von Brocéliande.

Eines Tages näherte ich mich dem schlossähnlichen Haus, um es mir anzusehen. Mit einem Mal spürte ich eine Hand auf der meinen, aber als ich hinsah, war da niemand, der mich festhielt. Verwirrt schaute ich mich nach allen Seiten um, als ich plötzlich diese weißgekleidete Frau erblickte. Sie rief mir zu, ich solle doch zu ihr ins Haus kommen, um es mir anzusehen.

Furchtlos folgte ich ihrer Aufforderung, was mich im Nachhinein gewundert hat. Geneviève war sehr freundlich zu mir, zeigte mir alle Räume und sagte beim Abschied etwas sehr Merkwürdiges: Eines Tages wird dir das alles hier gehören! 29 Jahre später hatte ich hier eine Autopanne und hörte, dass das Haus zum Verkauf stünde. Noch am selben Nachmittag habe ich das Manoir de Tertre gekauft."

Aber Hervé Guggenheims Episode mit der Druidin fand damit keineswegs ihren Abschluss. Geneviève war zwar schon lange tot, aber sie spielte auch noch in Hervés Ehegeschichte mit. Und das kam so: Eines Abends hatte Martine, eine junge Frau, Mitorganisatorin von Führungen durch den Wald von Brocéliande, eine Reifenpanne in der Nähe des Manoir.

Es war dunkel, es regnete, Martine suchte Hilfe und stolperte in das nahe Hotel. Dort saß Hervé allein im Schein des Kaminfeuers und lud die junge Frau zu einem heißen Tee ein. Plötzlich wurde die Eingangstür aufgestoßen. Herein trat ein in Schwarz gekleideter bärtiger Mann, der das vor Schreck erstarrte Pärchen betrachtete und sagte: „Ihr beiden werdet bald heiraten, denn ihr seid füreinander bestimmt!“ Sprach's und verschwand. Das geschah am 30. September 1990. Am 30. November desselben Jahres traten Hervé und Martine vor den Standesbeamten.

Am 21. Juni des darauf folgenden Jahres fand dann die eigentliche Hochzeit statt – aber nach dem alten keltischen Ritus, zwischen Bäumen und Blüten, wobei Gwenc'hlan Le Scouezec, Großdruide der Bretagne, die Zeremonie leitete. Noch in derselben Nacht wollen Martine und Hervé ein und denselben Traum gehabt haben.

Darin sahen sie eine lächelnde Geneviève, in das strahlende Weiß der Druiden gekleidet, die ihnen erklärte, dass keiner ein Anrecht auf Manoir de Tertre habe, der nicht im druidischen Glauben leben und handeln würde. Sicherlich eine ungewöhnliche Geschichte, aber so unwahrscheinlich nun auch wieder nicht. Wer sich mit Hervé und Martine Guggenheim darüber unterhalten will, ist willkommen. Das Manoir de Tertre steht als Hotel jedem offen und noch immer ist es auch das Heim der „Dame Blanche“...

Der Tempel der kopflosen Heiligen

Zwei Kilometer nördlich von Noyal-Pontivy in Morbihan steht das Heiligtum der Nolwen. Die Keltin segelte im 6. Jahrhundert unserer Zeitrechnung von Irland zur Bretagne, um eine Einsiedelei zu gründen. Sie fiel in die Hände eines armorikanischen Häuptlings, der Nolwen auf der Stelle enthaupten ließ, als sie ihm nicht zu Willen war.

Der Legende zufolge soll Nolwen daraufhin ihren Kopf unter den Arm genommen haben und zwei Tage lang weitergegangen sein. Als die junge Frau erschöpft an einem Felsen ausruhte, verlor sie drei Tropfen Blut. Sogleich öffnete sich die Erde und ließ drei

Quellen hervorsprudeln, die jedes Jahr am 6. Juli Anlass für Wallfahrten sind.

Das Deckengewölbe des Heiligtums der Noyal/Nolwen ist mit merkwürdigen Bildern und Figuren geschmückt, die Nolwens Geschichte erzählen. Der Betrachter erfährt, dass die Heilige zusammen mit ihrer Amme Nizan ins Land gekommen ist. Zwei ungewöhnliche Wasserspeier ziehen die Blicke auf sich: zwei monströse Wesen, von denen das eine einen Menschen, das andere ein Tier verschlingt.

Für die rätselhafte Darstellung gibt es bislang keine Erklärung. Andererseits habe ich die Erfahrung gemacht, dass Dämonen und gute Geister in allen mittelalterlichen Kirchen oder Kathedralen zu finden sind. Dabei fiel mir auf, dass sie nicht willkürlich in oder an der Kirche angebracht wurden. Entweder kann man sie an der Außenwand meist in der Nähe eines Eingangs sehen oder innen im unmittelbaren Eingangsbereich. Chimären und Engel aus Stein – positive und negative Kräfte in Balance. Wer mitten durch sie hindurchschreitet, gelangt in den Bezirk jenseits dieser Kräfte. Ich bin davon überzeugt, dass in früheren Zeiten ihr Vorhandensein am heiligen Ort, den eine Kirche nun einmal verkörpert, von den Menschen so gedeutet worden ist.

Nach Verlassen der guten und bösen Wächter am Eingang begegne ich Nolwen. Die Statue der Heiligen ist ebenso ungewöhnlich; sie hält ihren Kopf in den Händen, Blut quillt aus dem Rumpf. Ein grausames Bild, das die nahe Verbindung zwischen Religion und Gewalt aufzeigt, wie sie in altindischen Mythen für die Gläubigen selbstverständlicher war als in den christlichen Erzählungen.

Der Berg des blinden Barden

Die Bergkuppe des Ménez-Bré nördlich von Guingamp ist dem heiligen Hervé geweiht. Der blinde Barde, dem ein riesiger Wolf als Führhund diente und der im 6. Jahrhundert zurückgezogen auf Ménez-Bré lebte, ist heute

der Schutzpatron der Sänger und Musiker. Hervé selbst hat eines der ältesten Volkslieder gedichtet, das „Lied vom Paradies“, das immer noch in den armorikanischen Kirchen gesungen wird.

Der Heilige wurde 518 in der Nähe von Léon geboren. Sein Vater Hoarvian war ein bekannter Barde, seine Mutter Riwannon eine Adlige. Angeblich hat er ihr zu verdanken, dass er blind geboren wurde. Sie soll, als sie mit ihrem Sohn schwanger ging, den Himmel darum gebeten haben, dass Hervé nicht eher die Welt mit seinen Augen sehen dürfe, als er das innere Licht gefunden habe.

Bereits in jungen Jahren wurde Hervé Einsiedler. Sehr schnell verbreitete sich sein Ruhm als Heiler, Teufelsaustreiber und Prophet. Die ihn kennen lernten, hielten ihn für einen wiedergeborenen Druiden, dem die nach oben dringenden Kräfte der Erde ebenso wie die herabsteigenden des Himmels – im Kulminationspunkt des Gipfels des Ménez-Bré – übernatürliche Fähigkeiten verliehen. Seine Prophezeiungen, die fast ausschließlich die Zukunft der Bretagne und ihrer Menschen betrafen, veröffentlichte er in Liedform.

Leider ist Hervés Werk im Laufe der Geschichte verloren gegangen. Ein großer Teil des Liedguts befand sich im Kloster des heiligen Gwénolé, das in den Wirren der Französischen Revolution vollständig zerstört wurde.

Hervé selbst hatte zu Lebzeiten einen mächtigen Gegner: Gwenchlan, ebenfalls blind und ein keltischer Druide, der das Christentum zutiefst verabscheute. Hervé versuchte Gwenchlan eine Zeit lang mit allen Mitteln der Rhetorik zu bekehren. Als das nicht fruchtete, sondern im Gegenteil den Widerstand des Kelten nur noch verstärkte, sollen sich die beiden eine entscheidende magische Schlacht geliefert haben, die tagelang andauerte. Zuletzt wurden beide Magier zu Grabe getragen. Hervés Grab befindet sich in der Kapelle, während Gwenchlan an einer unbekannten Stelle auf der Bergkuppe des Ménez-Bré bestattet wurde. Geisterpferde bewachen seinen letzten Ruheplatz, in dem der Kelte auf die Erweckung durch Belenus, den Sonnengott, hofft. Sein Fest ist der 17. Juni.

Einige hundert Meter östlich der Kapelle sprudelt eine Quelle, die Hervé kraft seiner Gebete angeblich dem Leib der Erde als Geschenk „abgerungen" hat. Das Wasser der Quelle soll Krankheiten aller Art heilen können. Ich selbst habe dort Mütter ihre Kinder untertauchen sehen.

Hervés Kapelle war im Mittelalter Schauplatz spektakulärer Teufelsaustreibungen. Dort machte sich der Abbé Guillermic, besser bekannt als Tadig Koz, „der alte kleine Vater", die Kräfte des Ortes zunutze, um Dämonen zu verjagen. Tadig Koz ging stets barfuß, um, wie er sagte, „Priester und Magier bis zur Erde" zu sein. Seine Messen hielt er ausschließlich um Mitternacht ab, wenn „die Kraft des Himmels am stärksten ist". Es geht das Gerücht, dass die kahle, 300 Meter hohe Bergkuppe noch heute Anziehungspunkt für die unterschiedlichsten Gruppen sein soll: die wahren Druiden und Anhänger des Kelten Gwenchlan, die christianisierten Druiden im Sinne Hervés und Exorzisten unterschiedlicher Ausprägung. Sie alle suchen an bestimmten Tagen und zu bestimmten Zeiten in der Nacht den Ménez-Bré auf... Zuschauer und Neugierige unerwünscht!

Zusätzlicher Hinweis: Hervé, der blinde Barde, spielte auf der Harfe. Die keltische Knieharfe hat als Saiteninstrument in der bretonischen und irischen Folklore lange Tradition.

Über viele Jahre hinweg wurde von Wissenschaftlern jedoch bezweifelt, dass die Harfe Kultinstrument druidischer Rituale gewesen sei. Dann förderte man im Sommer 1988 bei archäologischen Grabungen auf dem Gelände von Saint-Symphorien-en-Paule zwischen Carhaix und Rostrenen, wo man eine Hauptsiedlung der keltischen Osismer vermutete, eine Sensation zutage: eine steinerne Gottheit mit einer Harfe. Etwas Vergleichbares war bis dahin noch nicht entdeckt worden und die Fachwelt wurde vor allem deswegen in Erstaunen versetzt, weil sie bislang davon ausgegangen war, dass sich keltisches Kunsthandwerk einzig und allein im Anfertigen von Waffen, Schmuck und Münzen erschöpfte.

Nun hielt man zum ersten Mal die Statuette einer unbekannten keltischen Gottheit in den Händen. Wer dieser göttliche Harfner ist und warum er bildnerisch überhaupt dargestellt wurde, bleibt weiterhin rätselhaft.

Wer sich von dieser Gottheit anrühren lassen will, der sollte das neue Museum in Saint-Brieuc besuchen. Der über 2 000 Jahre alte keltische Harfner strahlt etwas Geheimnisvolles aus und gewährt demjenigen, der schauen kann, eine Ahnung von der Religion, die die Römer, ihre vielgepriesene Toleranz gegenüber Andersgläubigen in Armorika mit den Füßen tretend, mit aller Macht blutig auszumerzen suchten.

Eine gallische Brücke

Brücken, die über Flüsse führen, haben für mich von jeher etwas Magisches an sich und je älter sie sind, desto größer ist die Faszination, die von ihnen ausgeht. Wenn es stimmt, dass die Materie starke menschliche Emotionen speichern kann, dann stellt eine uralte Brücke aus Stein, mehr noch als ein Haus, einen kostbaren Schatz für jeden Menschen dar, der sich in das „vergangene Leben“ der Brücke „hineinfühlen“ kann.

Nördlich der Stadt Carhaix-Plouguer an der D 787 bei Sainte-Cathérine befindet sich ein solcher emotionsgeladener Historienschatz. Die „Pointe Galois“ dürfte die einzige noch vollständig erhaltene Brücke in ganz Frankreich sein und wer sie „erzählen“ lässt, der wird Erstaunliches erfahren. Immerhin galt Carhaix-Plouguer, zwischen den Gebirgszügen der Monts d'Arrée und der Montagnes Noires gelegen, als einer der bedeutendsten Verkehrsknotenpunkte in römischer Zeit, weil hier in

Vorgium allein sieben Straßen zusammenliefen. Carhaix selbst ist keltischen Ursprungs, hieß ursprünglich „Stadt der Osismer" und war der Göttin Ahés geweiht.

Was nun die Brücke betrifft, so wurde sie von Galliern erbaut und ist folglich älter als alle römischen Zeugnisse auf bretonischem Boden. Über sie sind in den letzten 2500 Jahren Zehntausende von Menschen gelaufen: barfuß, in leichtem Schuhwerk, in schweren Stiefeln. Von Ochsen oder Pferden gezogene Wagen, die vielleicht Lebensmittel, aber auch Gefangene transportiert haben, rollten über sie hinweg. Noch heute gelangt man über sie zum anderen Ufer, was zumindest für mich schon ein merkwürdiges Gefühl ist, wenn ich mir ihren langen Weg durch die Zeit vorstelle.

Die aus losen, unbehauenen Steinen zusammengesetzte gallische Brücke ist knapp vier Meter breit und gut 20 Meter lang. Ihre Lauffläche besteht aus Grasbüscheln, Erde, Sand und kleinen Steinchen. Schon lange herrscht an dieser Stelle kein geschäftiges Treiben mehr. Die uralte Brücke lädt zum Verweilen ein. So hocke ich mich auf einen der vorgeschobenen wuchtigen Pfeiler und lasse meine Beine baumeln. Zwei Meter unter mir fließt träge der dunkle Fluss wie schon vor zwei Jahrtausenden. Vielleicht hat hier einstmals auch der keltische Befehlshaber der osismerischen Truppen gesessen und und sich gefragt, warum die Römer eigentlich alle Welt unterwerfen wollten. Und die langsam sich entfernenden Wellen des Flusses mögen ihm damals wie mir heute zugeraunt haben: „Alles fließt! Sorge dich nicht zu sehr."

Ein Glöckchen-Sonnen-Weltenrad

Schließlich erreiche ich die Kirche von Locarn, einem kleinen Ort knapp zwölf Kilometer nordöstlich von Carhaix-Plouguer. Die Kirche besitzt ein so genanntes Glocken- oder richtiger Sonnenrad, das sich durch Ziehen an einer Leine in Bewegung setzt. Sobald

die Glöckchen ertönen, sollen sich geheime Wünsche erfüllen. Solche „Glücksräder“, wie sie der Volksmund auch nennt, sind in einigen bretonischen Kirchen zu finden. Meist wurden sie in einer bestimmten Höhe an der Wand befestigt und ähneln einem Speichenrad, an dem bis zu 20 Glöckchen hängen.

In Confort en Meilars wird das Glockenrad jedes Mal in Bewegung gesetzt, sobald ein Kind während der heiligen Messe bei der Wandlung herumzappelt oder zu sprechen anfängt. In anderen Kirchen läuten sie das neue Jahr ein. Das alles sind natürlich Formen, die dem ursprünglichen Sinn und Zweck dieser Sonnenräder geradezu einen Schlag ins Gesicht versetzten.

Bei den Kelten war das Rad ein wichtiges Symbol. Es verkörperte die Sonne und wurde von den Druiden auch zur Vorhersage benutzt. Die Römer nannten es deshalb magisches Rad. Aber der Gebrauch eines Sonnenrades im magischen Sinne ist viel älter und stammt aus dem alten Ägypten. Herodot erzählt bereits davon, dass dort im 5. Jahrhundert vor Christi Geburt Sonnenräder den Priestern der Isis als Mittel für Prophezeiungen dienten. Es erhebt sich nun die Frage, wie dieser Brauch ans damalige Ende der Welt, nach Armorika gelangt ist.

Sie könnte vielleicht doch mit jenen kretischen Schiffen beantwortet werden, wie der französische Historiker Jullian schon um 1900 vermutete. Bei Ausgrabungen in Frankreich stieß man ziemlich häufig auf Schmuck in Form eines Speichenrades mit dem integrierten Kopf eines Gottes. Vielleicht waren diese Devotionalien unter den Kelten so weit verbreitet wie heutzutage das Tragen kleiner Kreuze um den Hals.

Sehr viele radförmige Juwelen oder Statuetten, die einen Gott mit einem Rad darstellen, wurden übrigens in der Gegend um Laniscat gefunden (westlich von Mur-de-Bretagne, N 164 Richtung Carhaix). Das Sonnenrad, das sich durch Ziehen an einer Kordel in Bewe-

Kapelle am Porspaul, Finistère

gung setzt und dessen Glöckchen zu läuten anfangen, hat also einen sehr alten Ursprung. Seltsamerweise stammen alle Sonnenräder – es gibt deren fünf – in der heutigen Bretagne aus dem 17./18. Jahrhundert.

Eines dreht sich in Confort-en-Meilars im Finistère, die anderen vier sind jeweils kaum 15 Kilometer voneinander entfernt im Departement Côtes-du-Nord: in Saint-Nicolas-du-Pélem an der Kirche Notre-Dame-du-Ruellou, in Locarn, in Laniscat und in Kérien.

Ungeklärt bleibt bis heute, warum der keltische Brauch plötzlich im ausgehenden Barock in den katholischen Kirchen wieder eingeführt wurde und wieso gerade an den genannten Orten. Drei von ihnen liegen alle im Tal der Blavet. Ich habe mich in der Gegend ein wenig umgeschaut. Sie ist äußerst geschichtsträchtig, was alte Kulte betrifft. Und besonders der Sonnenkult schien hier ein religiöses Zentrum gehabt zu haben. Der knapp 300 Meter hohe Berg Bethoa südlich von Laniscat war dem keltischen Sonnengott Belenus geweiht. Interessanterweise führt uns der Name Bethoa aber zu den Drei Bethen, von denen wir auch das Wort „beten" herleiten. Die Aufforderung des Priesters, „Lasset uns beten!", verweist jedes Mal weit zurück in die Steinzeit, als in den Höhlen weibliche Priester frühe Wiedergeburtskulte zelebrierten.

Noch heute verraten zahllose Ortsnamen einstige Kultstätten einer vorgeschichtlichen Mutterreligion. In Deutschland gehören neben anderen Bedburg, Bissingen, Bettendorf, Bietigheim, Büttgen, Bodenfelde ebenso dazu wie Besançon, La Bets, oder Bessay in Frankreich – nicht zu vergessen Bethlehem!

Wer aber waren die Drei Bethen, die in der Taufkapelle des Doms zu Worms noch heute in Stein gehauen zu sehen sind? Schließlich verdankt die Stadt einer von ihnen, nämlich Borbeth, ihren Namen. (Aus Borbetomagus wurde über Wormazfelt schließlich der heutige Stadtname.) Borbeths „Schwestern“ hießen Ambeth und Wilbeth. Alle drei wurden als Hüterinnen des ewigen Lebens verehrt und angebetet.

Wilbeth wiederum ist für uns deshalb interessant, weil die Vorsilbe „Will“ mit dem englischen Wheel, also Rad, zu tun hat. Rad und Scheibe symbolisieren den Mond, so dass Wilbeth als göttliche Mondmutter bis in die Zeiten steinzeitlichen Mütterglaubens zurückreicht. Richard Fester schreibt in seinem Buch „Die Steinzeit liegt vor der Tür“:

„Ihre [Wilbeths] Stelle im christlichen Kult übernahm oft die >Muttergottes auf der Mondsichel<, ein Motiv, das sich schon im alten Kreta, 3000 Jahre zuvor, findet. Sie schlüpft auch in das Gewand der heiligen Felicitas (Fel dabei als Will genommen) oder – hergeleitet von der Spätform Fir'Pet – in das der „Fürbitterin“, und das war allein die Jungfrau Maria. Natürlich wurde Will später zu Wild missverstanden. Wo immer daher von Wildfrauenkirchen, vom Wilden Mann die Rede ist, da lebt die inzwischen nicht mehr verstandene Erinnerung an Wilbeth fort.“ [52] Borbeth ist die wärmende und leuchtende Mutter. „Borm“ bedeutet im Keltischen „warm“, wobei „warm“ und „leuchtend“ Synonyme sind. Borbeth ist also die Sonnenmutter, die leuchtende, glänzende Göttin, die Leben spendet und es erhält.

Erst im männerrechtlichen umgepolten Denken wurde „die“ Sonne zum Symbol des Männlichen. Folglich darf man eher vermuten, dass Bethoa der Borbeth geweiht gewesen sein muss, bevor Belenus sich zum Sonnengott aufschwang. Das Sonnenrad von Laniscat verweist somit auf Wilbeth, also auf die Drei Bethen, auf die Große Mutter überhaupt.

Noch eine Anmerkung zum sich drehenden Rad in Verbindung mit einem Gott: Im Tarot bildet Schlüssel 21 (oder 22) einen Abschluss der „Großen Arkana“ und er zeigt ein junges Mädchen, das als Sinnbild des leichten Lebens auf einem Bein steht, umgeben von einem

Kreis, der als magischer Ring, Blumenkranz, rollendes Rad der Zeitalter, gelegentlich sogar als das „Welten-Ei" gedeutet wird: Die Welt ist ein Wirbel, ein ewiger Tanz, in welchem nichts anhält, sich alles dreht, da die Bewegung die Dinge hervorbringt.

Diese Erkenntnis, symbolisiert durch das Rad, den Kranz, das Welten-Ei, soll dem menschlichen Bewusstsein die innere Ruhe und Fröhlichkeit schenken. So stehe ich andächtig unter dem Rad in der Kirche von Laniscat und ziehe gedankenvoll an der Kordel...

Koloss, Kugelrätsel und Schlangenfüßler

Wenn mich jemand nach dem schönsten Menhir in der Bretagne fragt, so lautet meine Antwort, dass es da in der Tat einen solchen gibt und er sich für mich hinsichtlich seiner Lage und Gestalt von allen anderen abhebt. Weil Menhire ihre Namen nach der nächsten menschlichen Ansiedelung erhalten, heißt mein Favorit „Menhir de Pergat" und steht nördlich von Louargat. Das wiederum liegt an der Autobahn N 12 zwischen Guingamp und Morlaix im Departement Finistère. In Louargat nimmt man die Straße in Richtung Saint-Eloi, um nach knapp einem Kilometer bei dem Kreuz (Calvaire) links abzubiegen. Nach weiteren 800 Metern stößt man auf das Hinweisschild „Menhir". Ab hier geht es zu Fuß weiter.

Schon dieser kurze Spaziergang hat seinen eigenen Reiz. Man gelangt in ein Tal, das an seinen Rändern sanft ansteigt. Ein Trampelpfad führt zwischen knorrigen Bäumen, üppig wuchernden Fuchsien- und Ginsterbüschen hindurch und folgt dabei einem halb verborgenen Bachlauf, von dem ich mich frage, ob es ihn nicht schon vor Tausenden von Jahren gegeben hat.

Was hat die Menschen damals bewogen, den tonnenschweren Menhir gerade hier aufzustellen? Die Schönheit der Landschaft mag sich bis heute nur geringfügig verändert haben. Schon von weitem erblicke ich den Koloss.

Über einen Balken kann ich trockenen Fußes den sprudelnden Bachlauf überqueren. Hinter einer dichten, über drei Meter hohen Ginsterhecke ragt der einsame Menhir empor. Er ist wirklich beeindruckend, misst 7,70 Meter in der Höhe, wobei sein Umfang an der Basis neun Meter beträgt. Wie haben sie nur den unförmigen Stein aufgerichtet, ohne dabei von ihm erschlagen zu werden?

In knapp einem Meter Höhe weist eine muldenförmige Vertiefung darauf hin, „ihn" besser als weiblich zu charakterisieren. So überwältigend ist der Eindruck dieser steinernen Riesen auf mich, dass ich „ihn" spontan umtaufe: nämlich in „Mor Rigan".

Mor Rigan ist ein anderer Versuch, den Namen Morgana abzuleiten. Er bedeutet nicht mehr und nicht weniger als „Große Königin". Ehrfürchtig nähere ich mich meiner „Königin" und drücke meine Stirn gegen ihren mächtigen „Leib". Dabei versuche ich mich innerlich zu „leeren", denn Menhire, so habe ich persönlich erfahren, flößen jedem neue „Kraft" ein, der dafür offen und bereitwillig ist. Später geht es mit dem Wagen weiter. Es gilt, ganz in der Nähe noch eine megalithische Sensation zu betrachten. Dabei fahre ich in Richtung des Dorfs Saint-Michel, wo vor einem Bauernhof eine Kuriosität wartet. Dort liegt, etwa zu einem Drittel eingegraben, eine perfekte steinerne Kugel.

Die Archäologen stehen vor einem Rätsel. Ähnliche Objekte wurden in der Bretagne noch an anderen Stellen entdeckt. Niemand weiß aber, wer sie geschaffen hat, geschweige denn, wie alt sie sind. Neben der C-14-Methode zur Ermittlung des Alters eines Dolmens oder Menhirs versucht man, dieses auch anhand von Objekten wie Tonartefakten oder Schmuck herauszufinden, die bei dem Objekt ausgegraben wurden.

Ob diese Methode letztlich das exakte Alter eines megalithischen Bauwerks enthüllt, habe ich schon immer für fraglich gehalten. Unter Umständen sind die Menhire und Dolmen noch älter als bislang angenommen. Was aber ist mit dieser riesigen Steinkugel? Die Legende macht aus ihr das Wurfgeschoss des Erzengels Michael, als er mit dem Teufel kämpfte – eine religiös zwar schöne, aber intellektuell unbefriedigende Erklärung. Im Übrigen sind solche steinernen „Kugelärgernisse" an vielen Stellen auf der Welt „produziert" worden. Warum also nicht auch in der Bretagne? So als ob uns die Großsteinleute augenzwinkernd mitteilen wollten: „Seht mal. Die Form haben wir auch noch im Repertoire gehabt." Nur – wie haben die das gemacht? Die letzte Station auf diesem Ausflug ins Rätselhafte ist das kleine, zehn Kilometer entfernte Plouaret. Dorthin fahre ich Richtung Trégrom und von da über die D 32 nach Le Vieux Marché. In Plouaret halte ich vor dem Kirchenportal, steige die wenigen Stufen empor und bestaune ein Objekt, das dem Atelier eines Bildhauers unserer Tage entsprungen sein könnte. Aber nicht moderne Kunst liegt da vor mir, sondern ein so genannter „anguipéde", auch „Schlangenfüßler" genannt. Von diesen kuriosen Skulpturen soll es im ganzen Abendland noch mehrere Dutzend geben – einige auch in Deutschland –, und wieder einmal weiß niemand etwas Genaues über die „Schlangenfüßler". Die drei in der Bretagne werden von den Wissenschaftlern der gallisch-römischen Epoche zugeordnet, könnten aber auch viel älter sein. Was ich sehe, ist nicht einfach wiederzugeben, weil das Ganze so „abstrakt" wirkt. Es hat den Anschein, als ob ein Mann mit einer Schlange kämpft. Oder ist es kein Mann, sondern ein Bär? Kein Bär – ein Pferd? Ein Mann auf einem Pferd, der mit einer Schlange oder Sirene kämpft? Ich erkenne nirgendwo einen Kopf. Ist das

Absicht gewesen? Im Übrigen scheint bei den „Schlangenfüßlern" das Prinzip Yin und Yang vorzuherrschen: Das Männliche und Weibliche im Kampf miteinander, und das in sich stimmige Objekt suggeriert uns, dass niemand von beiden jemals gewinnen wird, weil dann die „anguipédes" von vornherein überflüssig gewesen wären.

Nach wie vor ein Rätsel: der Tempel von Lanleff

Er liegt knapp sechs Kilometer östlich von Kermaria-an-Iskuit und gibt den Archäologen mangels jeglicher schriftlicher Erwähnung bis heute Rätsel auf: Der Tempel von Lanleff ist eine Rotunde, bestehend aus zwölf Rundbogenarkaden, die ein kreisförmiges „Nebenschiff" abgrenzt. Seltsamerweise erinnert der Grundriss des Tempels an jenen der Hofkapelle Karls des Großen in Aachen und es gilt nur als sicher, dass das ungewöhnliche Bauwerk 1148 zur Benediktinerabtei von Léhon gehörte und der Jungfrau Maria geweiht gewesen war. Der ursprüngliche Tempel ist nicht mehr vollständig erhalten. Einst stand er inmitten dreier runder Kapellen, von denen lediglich eine übrig geblieben ist. Auch fehlt das Dach. Auf den Kapitellen erkennt man aber noch geometrische Motive wie auch menschliche Gesichter und verschiedene Tierdarstellungen.

Die kreisrunde Form hat Anlass zu vielen Spekulationen gegeben, da es nichts Vergleichbares in der Bretagne gibt. Manche halten den Tempel für ein Bauwerk aus gallisch-römischer Zeit, andere verlegen seine Gründung in die merowingische Epoche. Oder sollte es gar ein Zentrum des Templerordens gewesen sein? Ist seine Form vielleicht der Heilig-Grab-Kirche von Jerusalem nachempfunden?

So bleibt nach wie vor rätselhaft, wer den Bau des Heiligtums veranlasst haben mag. Ausgrabungen auf der Quiberon-Halbinsel, die bestätigen, dass auch die Kelten einige ihrer Tempel in der gleichen Bauweise wie in Lanleff errichteten, machten die Lösung des

Rätsels nicht einfacher. Kurioserweise existiert in Newport im US-amerikanischen Bundesstaat Rhode Island ein Bauwerk, das dem Tempel von Lanleff ebenfalls gleicht. Es soll überdies mehr als 2000 Jahre alt und von europäischen Kelten errichtet worden sein – lange vor Erik dem Roten und Kolumbus...

Ich habe das steinerne Rätsel einige Male besucht und mich in sein Zentrum gestellt. Es ist ein Ort der Stille und Kraft, ein architektonisches Mandala. Durch seine zwölf Rundbogenarkaden, die einander gleichen wie ein Ei dem anderen, wehte mich der Geist einer weit entfernten Vergangenheit an: diffus, nebelhaft, eher „heidnisch" als christlich, eher gnostisch als dogmatisch, nicht fassbar, etwas spöttisch auf den Grübler in der Mitte des Heiligtums blickend, um sich dann wieder ins Verborgene zurückzuziehen.

Gestern ist heute ist morgen: zeitloses Locronan

Ich habe eine gute Freundin, die vor Jahren die Bretagne zum ersten Mal bereiste. Sie besuchte viele Orte, sah sich zahlreiche Sehenswürdigkeiten an, wobei sie sich das Land im Wesentlichen erwanderte. Eines Tages kam sie an einen sehr alten Ort und wurde nach eigenem Bekennen „sofort sehr blass und unruhig". Obwohl sie sich niemals zuvor mit Reinkarnation beschäftigt hatte, schwor sie „Stein und Bein", an diesem Ort schon einmal in einem früheren Leben gewesen zu sein.

Der Ort heißt Locronan, und in ihm scheint das Gestern niemals sterben zu wollen. Locronan sieht mit seinen alten, aus behauenen Natursteinen errichteten Hausfassaden, mit ausgetretenem Kopfsteinpflaster und engen Gässchen so mittelalterlich aus, dass einem der Atem stockt. Und vielleicht hat die Freundin eines ihrer früheren Leben nicht in Locronan zugebracht, vielmehr wurde durch das lebendige Bild des Mittelalterlichen, das diese Stadt vermittelt, bei ihr generell die Erinnerung an eine einstige Existenz vor circa 500 bis 600 Jahren wach.

Locronan – der „Ort des Ronan" – stellt eine Verbindung zwischen den Zeiten her: Vergangenheit und Gegenwart gehen ineinander über. Der Platz ist seit Urzeiten heiliges Terrain. Die umliegenden Wälder, die Heide, das nahe Meer waren Zeugen megalithischer, keltischer und frühchristlicher Religionen. An den Abhängen der Berge künden außer dem Hochwald auch noch Sträucher und Stechginster von den Spuren eines urzeitlichen Forstes – Névet geheißen.

Stammt die Bezeichnung „Névet" aus dem Keltischen und bedeutet sie „Himmelsbogen", dessen Ableitung „nemeto" wiederum eine vom Himmelszelt überdachte Lichtung, einen natürlichen Tempel inmitten der Wälder, definiert? Welcher Art mögen die Riten gewesen sein, die sich an diesem Ort abspielten? Noch heute wird bei Prozessionen „Gazek Ven", die „Stute aus Stein", mitgetragen – ein Beweis für einen Fruchtbarkeitskult, der bis in die graue Vorzeit zurückreicht?

Setzen sich deshalb während der zwölf Kilometer langen Prozessionen Frauen, die schwanger werden wollen, auf eine Granitkuppe, die heute den Namen „Chaise de Saint-Ronan" trägt?

Die abenteuerliche Legende vom Leben eines Heiligen

Anfang des 18. Jahrhunderts wurde bei Louis Bariou, einem Tischler aus Quimper, eine Kanzel für die Kirche Saint-Ronan in Locronan in Auftrag gegeben. Der ausgehandelte Preis belief sich auf 350 Pfund. Das Werk aus vielfarbigem Holz zeigt auf zehn Medaillons das Mysterium des heiligen Ronan, auch wenn die Mode der dargestellten Menschen jener des Jahrhunderts von Ludwig XIV. entspricht. Die genauen Lebensdaten des irischen Bischofs Ronan sind unbekannt. Die See hat seinen Kahn an die steinige Armorika-Küste getrieben, irgendwann im sechsten nachchristlichen Jahrhundert. Von der Grünen Insel hat er eine Glocke mitgebracht – ein Attribut eines jeden irischen Mönches. Sie ist heute in der Kirche von Juch zu sehen. Auf der Suche nach Einsamkeit gelangt er an einen Zufluchtsort der alten keltischen Kulte, das heutige Locronan. Ronan bekennt sich öffentlich zum christlichen Glauben und wird deswegen verfolgt. Im Wald von Névet baut er sich eine Hütte und es gelingt ihm, ähnlich wie einem anderen bretonischen Heiligen, Hervé, einen Wolf zu zähmen – ein Zeichen dafür, dass ihm die „wilden" Kräfte der Natur untertan sind. Dies bleibt den Menschen seiner Umgebung nicht verborgen und sie wenden sich dem Christen, „Ronan dem Wolf", begeistert zu. Das jedoch beschwört den Hass einer Frau, der Hexe Kéban, herauf. Sie will Ronan mit allen Mitteln in Misskredit bringen. So schließt sie ihre kleine Tochter in einen Kasten ein und bejammert ihr unerklärliches Verschwinden. Daran könne nur dieser Christ schuld sein, behauptet sie. Aber das Kind stirbt in dem Kasten und es stellt sich heraus, dass es an einem Bissen Brot erstickt ist, den sie ihm vorher mitgegeben hat. In ihrer Wut schaltet sie König Gradlon ein, der zwei tollwütige Hunde auf den Beschuldigten hetzen lässt, um ihn zum Geständnis zu zwingen. Aber Ronan bringt die Tiere durch ein Kreuzzeichen dazu, sich lammfromm vor seine Füße zu legen. Dieses Gottesurteil beweist seine Unschuld. Als Ronan das tote Mädchen wieder zum Leben erweckt und es der

Mutter zurückgibt, dreht diese vollends durch. Nun verbreitet sie das Gerücht, der Einsiedler habe sie verführen wollen. Merkwürdigerweise veranlasst sie damit Ronan zur Flucht. Er zieht sich in die Nähe von Saint-Brieuc zurück, wo er kurze Zeit später bei einem Bauern stirbt.

Der Landmann möchte am Tod des Heiligen verdienen, weil Reliquien immer begehrt sind und gutes Geld bringen – denkt er. Also versucht er, dem toten Ronan einen Arm abzuschneiden. Aber die Furcht plagt ihn: Hat dieser Christ ihn nicht vorher gewarnt, er könne selbst einarmig werden, wenn er an seiner Leiche herumschneide? Schließlich gewinnt die Angst die Oberhand, er möchte den Leichnam so schnell wie möglich loswerden. Aber da sind gleich drei, die ihn haben wollen: die Grafen von Vannes, von Rennes und von Cornwall.

Um nicht den Zorn des toten Heiligen auf sich zu ziehen, überlässt es der Bauer lieber einem Gottesurteil, das darüber entscheidet, wo Ronans sterblichen Überreste zur letzten Ruhe gebettet werden sollen. Er spannt Ochsen vor einen Karren, legt den Leichnam darauf und sofort suchen sie sich ihren Weg. Sie ziehen den Karren bis zum Wald von Névet. Dabei kommen sie auch an Kéban vorbei, die in ihrer Wut auf den Kopf eines Ochsen schlägt, wodurch sich ein Horn löst und zu Boden fällt.

Der Ort trägt seitdem den Namen „Plas ar Horn“, und hier wird Ronan beigesetzt. Für Kéban aber öffnet sich die Erde und verschlingt die Hexe. Den Platz des Geschehens markiert seit jener Zeit ein steinernes Kreuz – ganz in der Nähe der zwölften Station der großen Prozession „Troménie“, die dem heiligen Maurice geweiht ist. So weit die Legende.

Es fällt einmal mehr auf, dass sie einen Konflikt zwischen keltischem und christlichem Glauben widerspiegelt. Weil diese Legende erst im 13. Jahrhundert aufgeschrieben wurde, kommt

Kéban nicht nur schlecht weg – nein, sie wird auch noch als eine rachsüchtige Hexe geschildert, die aufgrund ihrer plumpen Vorgehensweise irgendwie nicht „alle Tassen im Schrank“ zu haben scheint. Das hat sicherlich wenig mit der historischen Kéban gemein. Bemerkenswert ist, dass sie als Frau den keltischen Glauben verteidigt, zeigt, dass im 6. Jahrhundert die „Macht der Mütter“ noch nicht ausgelöscht war. Die „Hexe“ dürfte also eine Druidin gewesen sein, obwohl die Existenz weiblicher Druiden bisher nicht bewiesen werden konnte. Aufschlussreich ist auch die Geschichte mit dem verlorenen Horn des Ochsen. Es ist keinesfalls abwegig anzunehmen, dass der nach jenem Ereignis benannte Berg in früheren Zeiten als „nemeton“ einem keltischen Stierkult gedient hat. Hinter der leicht abstrusen Geschichte vom abgeschlagenen Horn könnte sich diese religionsgeschichtliche Tatsache verbergen und vielleicht ist Kéban gar die Hohepriesterin dieses Kults gewesen. Aber das scheint ihr wenig geholfen zu haben. Das Christentum war im Vormarsch. Der Christ und Mann Ronan siegt über sie, zähmt die Natur und macht Kéban lächerlich. Erst als sie die „Waffen" einer Frau einsetzt, sucht Ronan erschrocken das Weite. Zuletzt wird sie vom Erdboden verschluckt. „Ihr Mund war noch offen, als sie die Erde zwischen Flammen und Rauch verschlang", heißt es.

Aus christlicher Sichtweise schmort sie nun in der Hölle. Für die Kelten ist sie zur Urmutter zurückgekehrt. Das Kreuz, das den Ort ihrer ewigen Verdammnis am Rande eines Feldes kennzeichnet, wurde aus einem Menhir herausgearbeitet (Bez-Keben). Eigentlich wird dadurch deutlich, dass Kébans Macht und Glaube ungebrochen ist, denn der alte Stein bleibt im Kern das, was er immer war.

Ein steingewordenes Faszinosum

Ich habe die kleine Stadt, deren Gassen sämtlich auf dem großen Platz vor der Kirche mit dem massiven Turm münden, zu unterschiedlichen Jahreszeiten besucht. Locronan faszinierte mich jedes Mal neu. Gerade im November, wenn der Nieselregen die alten Pflastersteine erglänzen lässt, oder wenn im Frühjahr der Raureif den Dächern den gleichen silbernen Glanz verleiht wie die Flechte dem Granit, gehört der „Ort des Ronan" der meditativen Stille und dem Geheimnis der Zeiten.

An Sonntagen sieht man häufiger Pilger zum Grab des Heiligen wallfahren. Dann ist die Kirche erfüllt von den Gebeten der Gläubigen und unter den hohen Gewölben vermehren sich die Flammen der Kerzen.

In den Sommermonaten drängen Touristen in die Stadt hinein, hocken sich im Licht der untergehenden Sonne auf die ausgetretenen Treppenstufen, fotografieren, besuchen die Crêperien, Restaurants und Ateliers von Bildhauern, Malern, Webern und Töpferleuten. Manch einer der Alten betrachtet dann sicherlich die Flut der Besucher nicht ohne Sorge und erinnert sich, dass Locronan doch einstmals ein „nemeton", ein heiliger Platz gewesen ist, an dem die Götter zugegen waren. Ob sie es immer noch sind, ist die Frage. Vom „Plas ar Horn“ aus schaue ich auf den Turm von Saint-Ronan und die Architektur der ihn umgebenden Mauern und Dächer – Granit, verankert in Granit. Spätestens von der Kuppe des „Hornbergs“ aus wird einem das Besondere dieses Kleinods im westlichen Finistère nahe beim Meer bewusst.

Und mir kommen jedes Mal die Worte des französischen Schriftstellers Alain über Locronan in den Sinn: „Woher kommt diese Gunst der Natur in diesem Werk des Menschen? Sie kommt daher, dass die Natur nicht geschändet wurde, sondern dass im Gegenteil jede Erdbewegung eine richtige Idee hervorbrachte; hören sie den, der nichts verneint! Die Sonne, das Wasser, der Wind, der Abhang bürden sodann tausend Empfindungen auf.

Der Schrei des Archimedes [Störe meine Kreise nicht! Anmerkung des Verfassers] wird tausendfach durch alle diese Dächer und alle diese Fenster ausgestoßen, in jeder Jahreszeit zu jeder Stunde, für den Regen und für die Sonne.“ [53] Dem kann ich nur uneingeschränkt zustimmen. Bewahrt das „nemeton“ Locronan vor den überreichen „Segnungen“ des Tourismus und der westlichen Zivilisation!

QUELLENNACHWEISE

1 Eliphas Levi: Transzendentale Magie (2 Bde.), Basel 1975
2 Siehe: Robert Ranke-Graves: Die weiße Göttin, Hamburg 1985
3 Victor Hugo: Männer des Meeres, Reutlingen o.J.
4 Victor Hugo: Männer des Meeres, Reutlingen o.J.
5 H. Brebion: Die Legende der Felsskulpturen, Macon 1968
6 Henri Queffélec: Die Fischer von Fécamp, Freiburg 1965
7 Pierre Loti: Die Islandfischer, Stuttgart 1950
8 Gajus Julius Cäsar: De Bello Gallico, o.J.
9 Hippolyte Taine : Carnette de Voyage, Paris o.J.
10 François-René de Chateaubriand: Erinnerungen, München 1968
11 Gustave Geoffrey: Pays d'Quest, Paris 1898
12 François-René de Chateaubriand: Erinnerungen, München 1968
13 Jean Markale: Die keltische Frau, München 1984
14 Camille Jullian, zitiert nach: Louis Le Cunff, Liebenswerte Bretagne, Quest-France 1988
15 Jean Markale: Die keltische Frau, München 1984
16 Edith Oppens: Bretagne, München 1986
17 Max Rieple: Geheimnisvolle Bretagne, Bern/Stuttgart 1977
18 Jean Markale: Die keltische Frau, München 1984
19 Hermann Diehls: Die Fragmente der Vorsokratiker, Weidmann 1974
20 Bretonisches Märchen, zitiert nach F. Karlinger, München 1974
21 John Sharkey: Die keltische Welt, Frankfurt 1982
22 zitiert nach Jean Markale: Die keltische Frau, München 1984
23 Karoline von Günderode: Der Schatten eines Traums – Gedichte, Prosa, Briefe, Berlin 1979

24 Hermann Hesse: Klingsors letzter Sommer, o.J.
25 Jean Markale: Die keltische Frau, München 1984
26 Jean Markale: L'épopée celtique en Bretagne, Paris 1975
27 Henriette Sourgen, La Table Ronde, zitiert nach: Franz Baumer: König Artus und sein Zauberreich, München 1991
28 Guillaume Apollinaire: L'enchanteur pourrissant, o.J.
29 Robert Ranke-Graves: Die Weiße Göttin, Hamburg 1985
30 zitiert nach Jean Markale: Die keltische Frau, München 1984
31 ebenda
32 François-René de Chateaubriand: Erinnerungen, München 1968
33 Altbretonisches Lied, zitiert nach Jean Markale: Mémoires d'un Celte, Paris 1992, Übersetzung F. Terhart
34 J.P. Hélias: Bilder aus der Bretagne, Chateaulin 1983
35 Jean Markale: Die Druidin, München 1989
36 zitiert nach: Gwenc'hlan Le Scouezec: La Guide De La Bretagne, Brasparts 1989
37 M. Chr. Benning: Alt-irische Mysterien, Stuttgart, o.J.
38 zitiert nach: M. L. von Franz: Zahl und Zeit, Frankfurt 1972
39 Apuleius: Der goldene Esel, zitiert nach: Erich Ackermann (Hrsg.): Märchen der Antike, Frankfurt a. M. 1981
40 Max Rieple: Geheimnisvolle Bretagne, Bern/Stuttgart 1977
41 zitiert nach: Ferdinand Niel: Auf den Spuren der großen Steine, München 1977
42 Blaise Pascal: Pensées, o.J.
43 Octavio Paz: Lektüre und Kontemplation, Frankfurt 1992
44 Jean Markale: Histoire secréte de la Bretagne, Paris 1977
45 Edouard Schuré: Les Grandes Légendes de France, Paris o.J.
46 Ernest Renan: Jugenderinnerungen, Frankfurt 1925

47 zitiert nach: A. und W. Mey: Bretagne, Berlin 1979
48 François-René de Chateaubriand: Erinnerungen, München 1968
49 ebenda
50 ebenda
51 Prosper Mérimée: Die Venus von Ille und andere Novellen, München 1977
52 Richard Fester: Die Steinzeit liegt vor der Tür, München 1981
53 aus: Les Grands Saints Bretons – Saint Ronan, Chateaulin 1973

Der Autor

Franjo Terhart, ehemals Lehrer für Latein und Philosophie, ist heute Rundfunkjournalist und Autor von Sachbüchern und Romanen. 1991 wurde er zum Kulturbeauftragten der niederrheinischen Stadt Neukirchen Vluyn ernannt. Sein Interesse gilt vorrangig der west-östlichen Mystik und dem keltischen Kulturraum. Zahlreiche Reisen nach Frankreich, Irland und Wales haben ihn zu einem Kenner der Kelten- und der Megalithkultur werden lassen.

Der Fotograf

Ekkehart Reinsch, 1958 in Jena geboren, studierte an der Fachhochschule Dortmund bei Prof. Harald Mante und Prof. Giscla Scheidler Fotodesign. Seit 1995 a rbeitet er freiberuflich als Fotodesigner im Bereich Editorial und Reportage sowie für verschiedene Kunden. Er war an vielen Ausstellungsprojekten beteiligt (z.B. Museum Buchenwald, Westfälisches Industriemuseum Dortmund, Rheinisches Indutriemuseum Oberhausen,Photokina Köln, Museu de la Ciència i de la Tècnica de Catalunya, Barcelona). Die Bretagne als geistiger und körperlicher „Energielieferant“ ist seit vielen Jahren für Reinsch Ziel von Fotoexkursionen. http://www.reinsch-fotodesign.de

Die Illustratorin

Era Freidzon, geboren 1960 in Kischinau (Moldawien, GUS), studierte Kunst in Kischinau und St. Petersburg. Sie lebt und arbeitet als freischaffende Künstlerin, Kunstpädagogin und Buchillustratorin im Ruhrgebiet. Ihre Arbeiten wurden in zahlreichen Ausstellungen präsentiert und waren teil verschiedenster Projekte im In- und Ausland.

BILDNACHWEISE

S. 9	© 2006 Ekkehart Reinsch: *Steine am Brignogan-Plàges, Nord-Finistère*
S. 12	© 2006 Ekkehart Reinsch: *Pointe du Raz, westlichster Punkt Frankreichs, „Am Ende der Welt", Bretagne, West-Finistère*
S. 17	© 2006 Ekkehart Reinsch: *Morgenstimmung im Wald, Finistère*
S. 20	© 2006 Ekkehart Reinsch: *Steinfelsen und alte Fischerhütten a. d. Küste Grève de Zorn, Nord-Finistère*
S. 29	© 2006 Ekkehart Reinsch: *Côte de Granit Rose, Nord-Finistère*
S. 30	© 2006 Ekkehart Reinsch: *Küstenlandschaft am Pointe de St. Mathieu, West-Finistère*
S. 36/37	© 2006 Ekkehart Reinsch: *Küstenlandschaft, Pointe de Corsen, West-Finistère*
S. 40	© 2006 Franjo Terhart: *Antlitz im steinernen Phantasiegarten des Abbé Fouéré*
S. 41	© 2006 Franjo Terhart: *Gargantau – ein schlangenartiges Ungeheuer*
S. 47	© 2006 Ekkehart Reinsch: *Côte de Granit Rose, Nord-Finistère*
S. 50/51	© 2006 Ekkehart Reinsch: *Fischerboot im Hafen von Pors-Guen, Baie de Kernic, Nord-Finistère*
S. 54	© 2006 Ekkehart Reinsch: *Bucht bei Nodèven bei Guissèny, Nord-Finistère*
S. 58	© 2006 Ekkehart Reinsch: *Menhir bei Plouescat, Nord-Finistère*
S. 64	© 2006 Ekkehart Reinsch: *Pinienbaum bei Trégastel, Nord-Finistère*
S.66	© 2006 Ekkehart Reinsch: *Steinkreuz am Pointe de St. Mathieu*
S. 70/71	© 2006 Ekkehart Reinsch: *Steinallee von Carnac*
S. 77	© 2006 Ekkehart Reinsch: *Menhir in der Nähe von Brignogan*
S.80	© 2006 Ekkehart Reinsch: *Küste Grève de Zorn, Nord-Finistère*
S. 88/89	© 2006 Ekkehart Reinsch: *Küstenlandschaft bei Porspoder, West-Finistère*
S. 93	© 2006 Ekkehart Reinsch: *Pointe de Landunvez, West-Finistère*
S. 102	© 2006 Ekkehart Reinsch: *„Im Zauberwald" von Brocéliande*
S. 130/131	© 2006 Franjo Terhart: *Felsen im geheimnisvollen Wald von Huelgoat*
S. 134	© 2006 Ekkehart Reinsch: *Menhire an der Küste bei Plouescat, Nord-Finistère*
S. 141	© 2006 Ekkehart Reinsch: *Steine am Brignogan-Plàges, Nord-Finistère*
S. 146	© 2006 Ekkehart Reinsch: *Steine am Brignogan-Plàges, Nord-Finistère*
S. 154/155	© 2006 Ekkehart Reinsch: *Menhire im zugefrorenen Aber Ildut, Flussmündung,West-Finistère*
S. 171	© 2006 Ekkehart Reinsch: *Halbinsel von Crozon*
S. 172	© 2006 Ekkehart Reinsch:*„Im Zauberwald"*, *Finistère*
S. 190/191	© 2006 Franjo Terhart: *Abtei Beauport*
S. 196/197	© 2006 Franjo Terhart: *Das Relief am Gotteshaus von Guimiliau*
S. 201	© 2006 Ekkehart Reinsch: *Burgruine bei Argenton, West-Finistère*
S. 218	© 2006 Ekkehart Reinsch: *Kapelle am Porspaul, Finistère*
S. 234	© 2006 Ekkehart Reinsch: *Stillleben, Nord-Finistère*